LÄR DIG
Koreanska

STUDIEHANDLEDNING & SPRÅKARBETSBOK / FÖR NYBÖRJARE

- ☑ Behärska Hanguul-alfabetet, steg för steg
- ☑ Förstå hur man läser, skriver och talar koreanska
- ☑ Detaljerade ljud- och uttalsguider
- ☑ Streckordningsdiagram och skrivtips
- ☑ Lär dig med skrivövningar och frågesporter

POLYSCHOLAR

www.polyscholar.com

Besök www.polyscholar.com för att hitta fler böcker av Jennie och från Polyscholar på svenska och andra språk. Skanna QR-koden.

INNEHÅLL

Dricks: *Denna bok fungerar bäst med gelpennor, blyertspennor, biros och liknande media. Var försiktig med markers och bläck, eftersom tunga eller våta medier kan resultera i pappersblödning eller överföring till sidorna nedanför. Här är några testrutor för att kontrollera hur lämpliga dina pennor kommer att vara:*

HUR MAN ANVÄNDER DENNA BOK

Ett av de snabbaste sätten att lära sig och förstå ett nytt främmande språk är repetition. När du läser den här boken kommer du att hitta utrymme på sidorna för att öva på det du lärt dig, med en rad olika skrivövningar och ett snabbt frågesport i slutet av varje avsnitt.

Senare i boken finns det mer avancerade skrivövningar och några användbara glosor som ytterligare utvecklar dina nyvunna Hangul-kunskaper. Den här boken har utformats för att skrivas i, men du får gärna fotokopiera sidor (för personligt bruk) om du hellre vill arbeta med ditt skrivande separat.

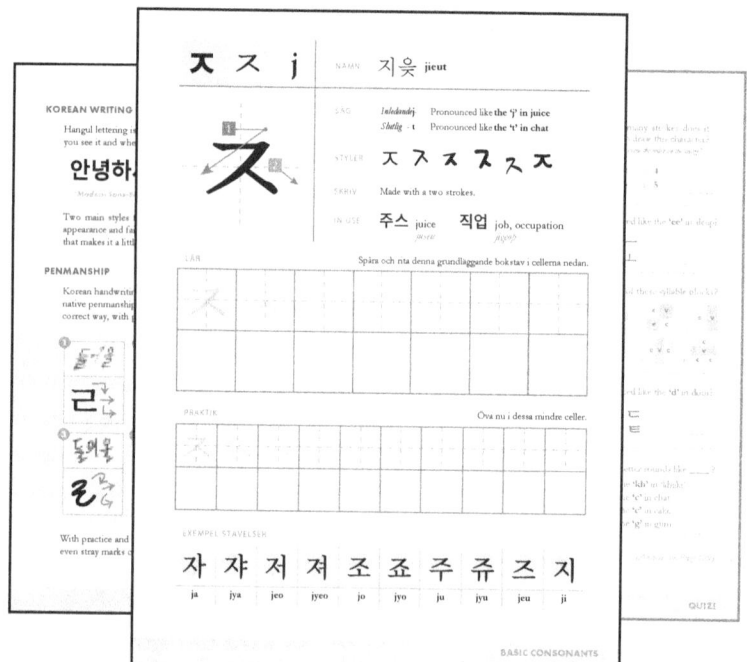

LÄRA DIG, MEMORERA OCH ÖVA PÅ HANGUL

SIDOR MED FLASHKORT INGÅR

har inkluderat ytterligare sidor med övningsnät som du kan använda när du har lärt dig att rita hangultecken, forma stavelser och skriva ord! Om det är enklare kan du kopiera dessa för att använda hemma.

Den sista delen av denna arbetsbok innehåller en uppsättning flashcard-sidor som antingen kan fotokopieras eller klippas ut. De är ett bra sätt att hjälpa dig att memorera symbolerna och testa dina kunskaper.
Yngre elever bör ta hjälp av en vuxen för att klippa ut dem!

Att lära sig läsa, skriva och tala koreanska kan verka som en otroligt skrämmande uppgift, men vi har sett till att skapa en arbetsbok som kommer att göra det enklare och snabbare!

Det första hindret för att lära sig koreanska är ett stort hinder för tysktalande, och det är det koreanska alfabetet, känt som **Hangul**. Du har säkert redan sett att det består av bokstäver som ser helt främmande ut jämfört med västerländska alfabet. Inte nog med att vi måste lära oss ett nytt språk, det är dessutom skrivet i en helt ny textform!

På nolltid kommer du att inse att det koreanska språksystemet är mycket lättare att lära sig än det först verkar. Den här boken lär dig allt om Hangul-alfabetet och i slutet kommer du att förstå hur man läser, skriver och talar koreanska! *Ganska häftigt, va?*

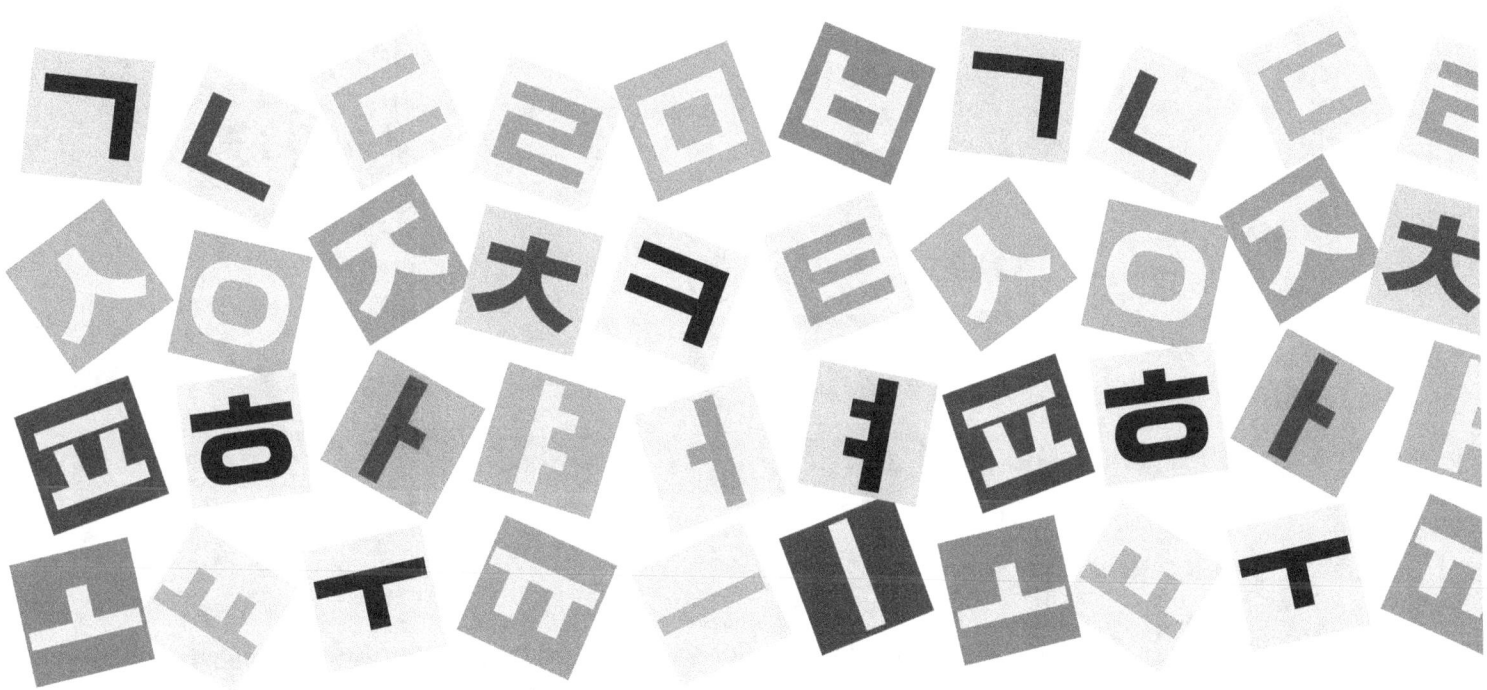

Hangul är namnet på det alfabet och skriftsystem som används i hela Korea. Namnet är sammansatt av två koreanska ord, **han** (한) och **geul** (글), som bokstavligen översätts till **"stor skrift"**. *Han* kan syfta på Korea som helhet, så det översätts också som "koreansk skrift". **Hangul** består av **konsonanter och vokaler;** det är bara bokstäverna som ser olika ut!

(KORTFATTAD) HISTORIA

Fram till mitten av 1300-talet skrev koreanerna med en blandning av kinesiska och gamla inhemska skriftspråk som baserades på fonetik. Det fanns (och finns fortfarande) ett stort antal unika kinesiska tecken som gjorde språket svårt att memorera och använda. Det krävdes också utbildning som endast var tillgänglig för de rika och övre klasserna, vilket innebar att även grundläggande läs- och skrivkunnighet var bortom de fattigare och mindre privilegierade lägre klasserna.

Att främja och uppmuntra läskunnighet i en mycket större skala, **Kung Sejong den store** tog på sig uppgiften att utforma ett nytt och unikt språksystem som var enkelt, logiskt och lätt att lära sig...

...Hangul-alfabetet som vi använder idag!

LÄRA SIG KOREANSKA

När man börjar lära sig koreanska kan det vara frestande att leta upp ord eller fraser för specifika scenarier och försöka memorera hur de låter. Det kan fungera på kort sikt, men förr eller senare kommer du att behöva läsa och skriva med den inhemska skriften - och måste praktiskt taget börja om från början igen. *Det går bara inte att undvika!*

Därför är det viktigt att börja med att lära sig det koreanska alfabetet. Om du börjar med att lära dig Hangul-bokstäverna istället för enstaka ord eller fraser, kommer du att upptäcka att du kan förstå allt på koreanska mycket snabbare och enklare!

HANGUL ÄR ENKELT!

Till skillnad från kinesiska eller japanska, som var och en består av tusentals unika och komplexa Kanji-tecken, är det koreanska språket mycket enklare:

蔵 儀 遵 帰	한글 (ㅎ+ㅏ+ㄴ+ㄱ+ㅇ+ㅡ+ㄹ)
Kanji-symboler förmedlar hela ord eller större delar av betydelsen, så de måste memoreras.	*Koreanska har ett förenklat alfabet som är mycket lättare att lära sig - vi läser, skriver och talar bokstav för bokstav!*

Vissa vardagliga kinesiska Kanji kan kräva upp till 15 separata markeringar för att skrivas, medan andra, mindre vanliga symboler tar allt från 20 till 84 streck för att skrivas! Den goda nyheten för dig är att även de mest komplicerade Hangul-bokstäverna ritas med bara fem streck.

ROMANISERING

De främmande bokstäver och ord som vi vill lära oss måste först visas med romanisering - här används vårt välbekanta latinbaserade bokstavssystem för att förmedla de ljud som varje tecken representerar. Ofta finns det inga motsvarande bokstäver för de exakta ljuden, så det är långt ifrån idealiskt. Vi kommer att arbeta med att memorera Hangul snabbt så att du kan undvika romaniserad översättning så snart som möjligt- *Men det hårda arbetet kommer att vara värt det, lita på mig!*

Det är värt att notera att det finns flera olika versioner av romanisering, som alla använder något annorlunda bokstäver än nästa. Den enda korrekta återgivningen av ljuden är själva Hangul-alfabetet, och det finns inget perfekt sätt att visa koreanska på engelska.

PRONUNCIERING

Att lära sig uttala koreanska väl börjar med att lära sig hangul. Det är bra att säga ord och bokstäver högt medan du lär dig. Endast övning hjälper dig att utveckla en naturlig och inhemsk accent, och det tar tid. Vi rekommenderar att du börjar titta och lyssna på koreanska TV-program med Hangul-undertexter när du har lärt dig alfabetet.

Observera: Denna arbetsbok innehåller grundläggande introduktioner till uttal, men detta lärs oundvikligen ut mer effektivt med ljud. Övningssidorna visar nära engelska motsvarigheter med ord som låter likadant.

ATT KOMMA IGÅNG

Hangul-alfabetet består av bara **24 grundbokstäver** som vi kombinerar för att skapa alla de symboler och tecken vi behöver för koreanska ord. Det finns bara 14 grundläggande konsonanter och **10 grundläggande** vokaler att lära sig, så låt oss komma igång!!

GRUNDLÄGGANDE KONSONANTER

Utformningen av grundläggande Hangul-konsonanter var centrerad kring de former som görs med munnen, tungan, halsen och läpparna när de artikuleras och sägs högt:

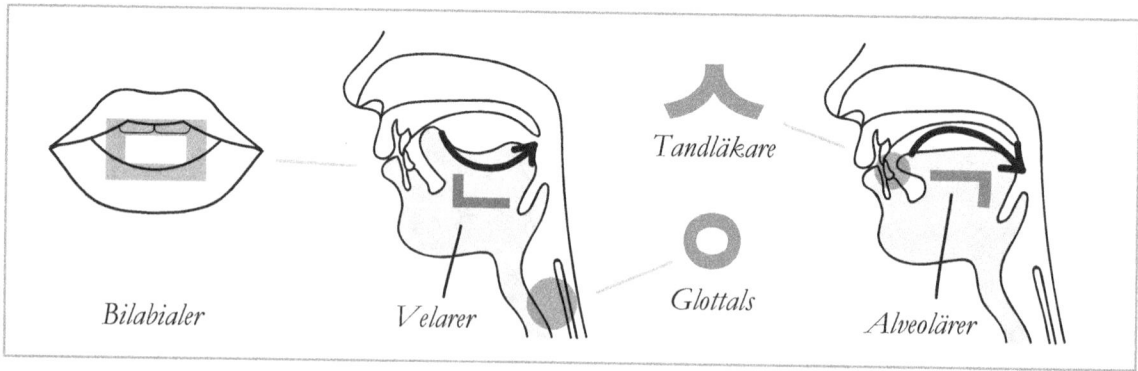

När de fem första formerna var fastställda skapades ytterligare konsonantbokstäver genom att lägga till extra linjer till de första bokstäverna. Alfabetet visas ofta i någon slags alfabetisk ordning - eftersom det inte är viktigt att lära sig just nu, kommer vi att **gruppera och ordna brev efter form** för att göra det lite lättare att lära sig dem **mer effektiv:**

Hangul	ㄱ	ㅋ	ㄴ	ㄷ	ㅌ	ㅁ	ㄹ
Romanisering	g/k	k	n	d/t	t	m	r/l

Hangul	ㅂ	ㅍ	ㅅ	ㅈ	ㅊ	ㅇ	ㅎ
Romanisering	b/p	p	s	j/ch	ch	-/ng	h

Observera: Hangul har uttal som romerska bokstäver inte kan matcha exakt, med ljud som ändras beroende på hur de används.

GRUNDLÄGGANDE VOKALER

De grundläggande vokalerna utformades med hjälp av former som representerade jorden (Yin), himlen (Yang) och mänskligheten *(Människan är medlaren mellan de två andra).*

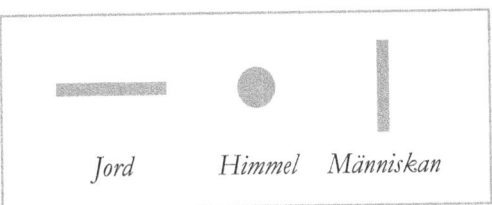

Jord   Himmel   Människan

I modern hangul är punkten som representerar himlen *(solen eller en stjärna)* nu sammanfogad med de andra formerna och har i princip ersatts med en kort linje.

Namnen på vokalerna är som de ljud de representerar. Du kommer att märka att vissa vokaler har en högre, **"vertikal"** form *(se tabellen nedan)* och att de andra tecknen har en plattare form och en **"horisontell"** orientering:

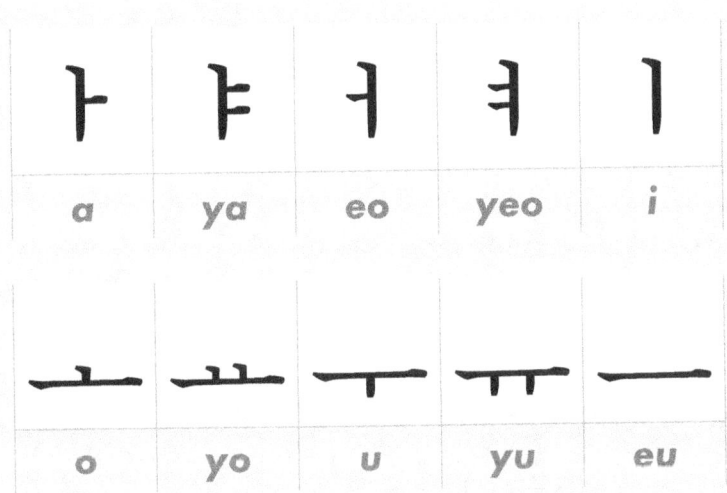

ㅏ	ㅑ	ㅓ	ㅕ	ㅣ
a	ya	eo	yeo	i

Dessa "vertikala" vokaler placeras direkt till höger om den konsonant som föregår dem.

ㅗ	ㅛ	ㅜ	ㅠ	ㅡ
o	yo	u	yu	eu

Den andra gruppen av "horisontella" vokaler placeras direkt under en föregående konsonant.

Vokaler och konsonanter representerar ingenting på egen hand - de är alltid kombineras alltid med minst en av de andra. Två eller flera bokstäver används för att skapa riktiga stavelser och ljud. Bokstaven ⊠ har till exempel ingen betydelse i sig men lägg till vokalen ⊠ så blir det 가.

(eller "ga" om vi romaniserar det - låter som "gah")

ㄱ + ㅏ = 가

ㅂ + ㅛ = 뵤

Minst 1 konsonant + 1 vokal = 1 stavelse

STAVELSEBLOCK

Koreanska ord skrivs och visas i en serie "block" - vart och ett av dessa block innehåller en stavelse, precis som exemplen längst ner på föregående sida, och de representerar var och en ett ljud. Dessa stavelseblock byggs upp med hjälp av de enskilda Hangul-bokstäver som förekom tidigare - låt oss titta på ett exempel snabbt nedan:

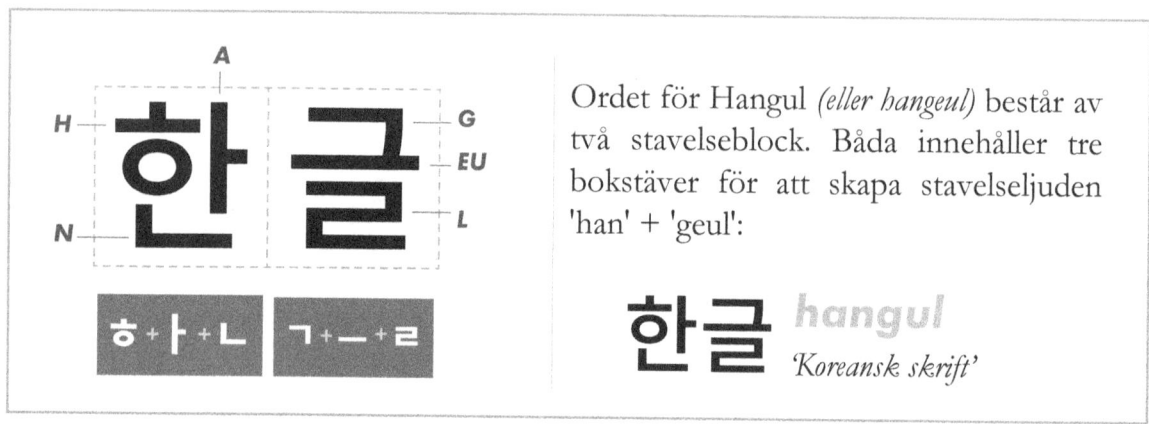

Ordet för Hangul (eller hangeul) består av två stavelseblock. Båda innehåller tre bokstäver för att skapa stavelseljuden 'han' + 'geul':

한글 *hangul*
'Koreansk skrift'

NÅGRA ENKLA REGLER

När du har lärt dig alla bokstäver och kan komma ihåg några enkla regler för hur de ska användas i block, kan du i princip läsa och skriva koreanska! *Det låter nästan för enkelt, eller hur?*

1 Stavelseblock består alltid av minst två bokstäver.

2 Varje stavelse börjar med en konsonant och följs alltid av en vokal.

3 Varje stavelse skrivs i ett eget kvadratiskt block.

4 Bokstäverna kläms ihop eller sträcks ut så att de tar upp lika mycket plats som de andra.

Det finns tusentals möjliga stavelser i teorin, men låt inte det oroa dig. Du kommer sannolikt inte att stöta på någon med mer än fyra bokstäver och genom att helt enkelt lära dig bokstäverna först kommer du att kunna förstå varenda en av dem utan problem. Det var så du lärde dig att läsa och skriva på ditt eget språk - genom att lära dig alfabetet och hur bokstäverna kombineras och samverkar för att skapa stavelser och ljud.

BYGGA STAVELSER

Layouten för ett stavelseblock bestäms av vokalens form och antalet bokstäver inuti. Kommer du ihåg hur vokaler har antingen vertikala eller horisontella former? Stavelser skrivs från vänster till höger och uppifrån och ned och börjar med en inledande konsonant i den vänstra halvan (*för vertikala vokaler*) eller i den övre halvan (*för horisontella vokaler*).

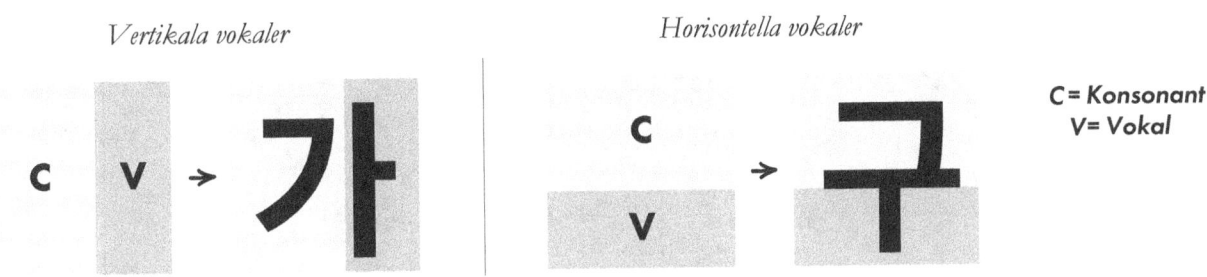

När en tredje och fjärde bokstav läggs till i stavelsen placeras de direkt under de två första, från vänster till höger igen. Här är några fler exempel:

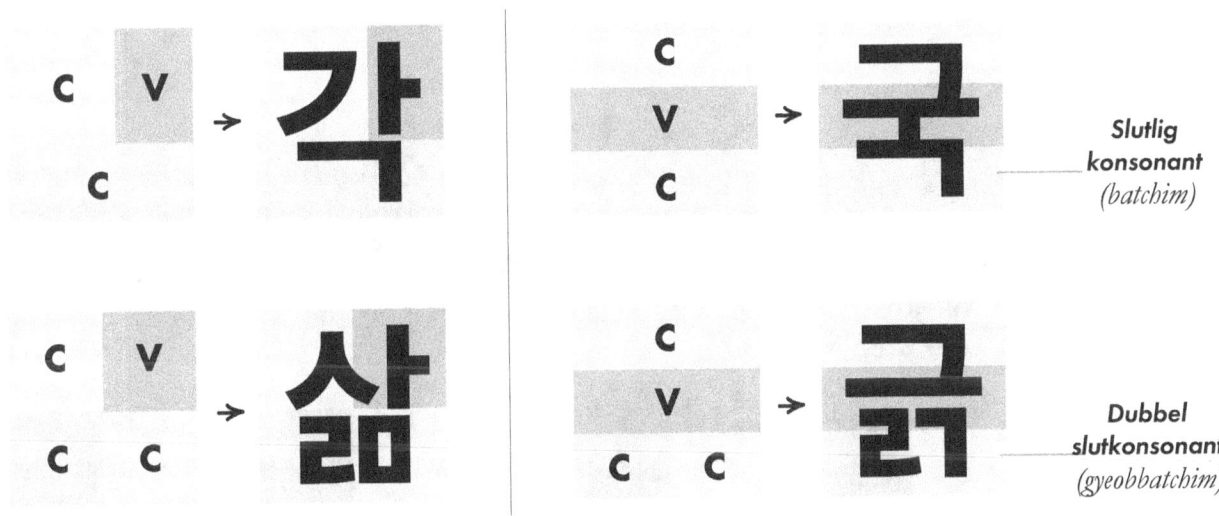

Konsonanter i slutet av en stavelse kallas batchim 받침 eller "slutkonsonanter". De är lättare att förstå när du har lärt dig mer, så vi kommer att hålla det enkelt i det här skedet.

I grund och botten är batchim 받침 (*bokstavligen betyder "stöd"*) är en grammatisk egenskap som är unik för koreanska, där konsonanter har ett annat uttal i slutet av en stavelse. Vokaler är aldrig batchim, så de uttal du kommer att lära dig påverkas inte av detta!

VIKTIG VOKALREGEL

Vi har lärt oss att varje stavelse börjar med en konsonant och har minst två bokstäver - *men vad händer om ett block börjar med ett vokalljud?* Detta händer ganska ofta med 한글 och det finns en viktig men enkel regel att lära sig för att lösa detta problem. Även om ingen av bokstäverna används isolerat, är denna regel nödvändig för vokaler

När stavelser börjar med en vokal använder vi konsonanten ㅇ som en tyst plat-shållare. Längst fram i en stavelse, och som inledande konsonant, har den inget ljud. Detta är en enkel regel att memorera - vokaler skrivs aldrig på egen hand!

Här är ett exempelord - det koreanska ordet för alligator - som visar hur denna regel fungerar:

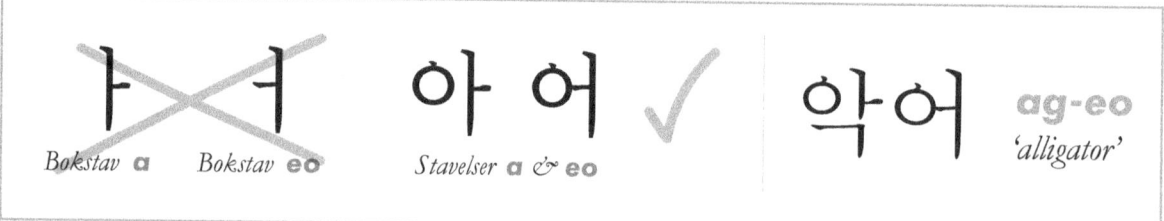

Bokstav **a**   Bokstav **eo**   Stavelser **a** & **eo**   ag-eo 'alligator'

BOKSTAVSFORMER

Vissa bokstäver kan se lite olika ut beroende på var de befinner sig i ett stavelseblock. Det vanligaste exemplet är bokstaven ㄱ (*kallad giyeok*), som sträcks, kläms och pressas ganska ofta - bokstavsformerna bestäms av alla andra bokstäver i stavelsen:

Ser du hur den avgränsande cirkeln ändrar form?

Det finns inga strikta regler för bokstavsformer, och utseendet varierar till och med mellan olika handstilsstilar. Det viktiga att komma ihåg är att bokstäverna ritas med samma antal streck, i samma ordning och har samma övergripande form.

Samma formförändringar sker oavsett typsnitt eller skrivstil, t.ex. ㄱ 이 + = **기** 기 and 기. *(Några av de andra bokstäverna med alternativa grafiska stilar inkluderar: ㅈ, ㅊ, ㅉ, ㄹ och ㅎ)*

LÄSNING OCH SKRIVNING

Koreanska skrevs en gång i tiden i vertikal stil, precis som andra språk i Asien, t.ex. kinesiska eller japanska, men det är oftast bara i äldre, traditionella dokument som det förekommer. Om du stöter på vertikal skrift är det sannolikt ett val av grafisk design, som i skyltar - precis som det är möjligt att se enstaka västerländska texter som används på liknande sätt. De flesta koreanska texter skrivs numera horisontellt.

Som vi lärde oss när vi tittade på stavelser skriver vi bokstav för bokstav, ett block i taget - med början uppe till vänster och nedåt till höger. Ord separeras också med ett mellanslag - *enkelt, va?*

Det är därför logiskt att vi också läser från vänster till höger och uppifrån och ned - genom att röra oss över block och ord och ljuda varje bokstav i huvudet. Detta blir snabbare och enklare med lite övning. När man kommer till slutet av en stavelse börjar vissa ljud naturligt att smälta samman med början av de stavelser som följer. Och vips har du lärt dig att läsa koreansk text och hur man uttalar den!

STROKE BESTÄLLNING

Hanguls enskilda bokstäver och stavelser skrivs på ett mycket specifikt sätt, steg för steg, som är lätt att behärska. Linjerna dras individuellt, uppifrån vänster till nedifrån höger, varje gång:

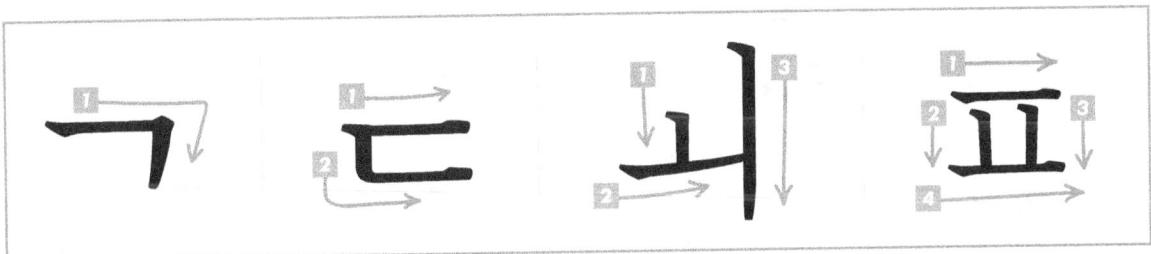

Att lära sig korrekt streckföljd är avgörande för att skapa korrekt koreanska som är lätt att läsa - utan korrekt streckföljd kan din skrift missförstås helt och hållet. **Det är så mycket enklare att lära sig rätt streckordning från början istället för att fixa det senare!**

De ritades ursprungligen med traditionella penslar och bläck, och varje drag var avsiktligt, vilket skapade balanserade former och mycket läsbar skrift. *Det var också ett mycket praktiskt sätt att skriva på, så att man inte kladdade ner texten och fick händerna fulla med bläck!*

TYPSNITT & UTSEENDE

Hangulbokstäver visas ofta med olika utseende, beroende på var du ser dem och om de har ritats för hand, tryckts eller visas i ett digitalt format.

안녕하세요

'Modern Sans-Serif-stil'

안녕하세요

'Traditionell serif-stil'

Två huvudstilar förekommer i denna bok: en modern "sans-serif-stil" som är blockig till utseendet och vanlig, och en mer traditionell "serif-stil" med ett utseende som gör det lite lättare att se bokstävernas slagordning som om de var individuellt markerade för hand.

PENMANSSKAP

Koreansk handstil behöver inte vara helt prydlig - du kommer faktiskt att se att inhemsk handstil sällan består av perfekt formade tecken! Om det skrivs på rätt sätt, med korrekt streckföljd, kan det mesta som skrivs på hangul förstås.

Om du tittar på de fyra handstilsexemplen till vänster kan du se att samma bokstav ㄹ är ritad på olika sätt varje gång: efterföljande exempel blir mindre snygga, men de är alla igenkännliga.

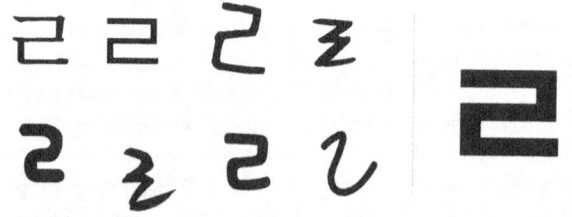

Övningssidorna i den här boken innehåller alternativa utseende för varje bokstav, med handskrivna typsnitt som kan användas som referens.

Med övning och erfarenhet börjar du snart märka hur en penna har använts och att även avvikande markeringar kan hjälpa dig att läsa. *Riktig koreansk handstil är inte bara perfekta cirklar och kvadrater!*

OM UTTAL

En av de mest förvirrande aspekterna för nybörjare är den tonvikt som läggs på bokstäver med olika uttal. Vissa Hangul visas med mer än en romersk bokstav bredvid sig och oftast utan någon egentlig förklaring - lade du märke till detta på sidan 8? Du kommer att lära dig mer om koreanskt uttal senare i boken, men här kommer en kort genomgång av grunderna för att hjälpa dig att komma igång:

Olika typer av uttal kan skapa olika ljud för samma bokstav - det finns några att vara medveten om på koreanska - vanligt, röstläge, aspiration eller spänning:

> **Aspirerad/icke-aspirerad** artikulation handlar om hur mycket luft som pressas ut ur munnen när du talar. Det är mer kraft i aspirationen, och det undertrycker vi för ljud som inte aspireras. Håll handen framför munnen och säg "Stopp" - kände du hur luften träffade din hand från bokstaven "p"?

> **Spända ljud** är mer explosiva eller kraftfulla versioner av aspirerade ljud.

> **Uttalet med** eller utan röst beror på om du aktiverar det område i halsen som vibrerar för att påverka ditt tal. Placera ett finger precis ovanför struphuvudet och gör sedan ett långt "sss"-ljud följt av ett långt "zzz" - kände du skillnaden?

Bokstäverna i varje kolumn i tabellen (nedan) uttalas med ökande kraft och tonhöjd - varje ljud blir en hårdare och högre version av ljudet på den föregående "nivån".

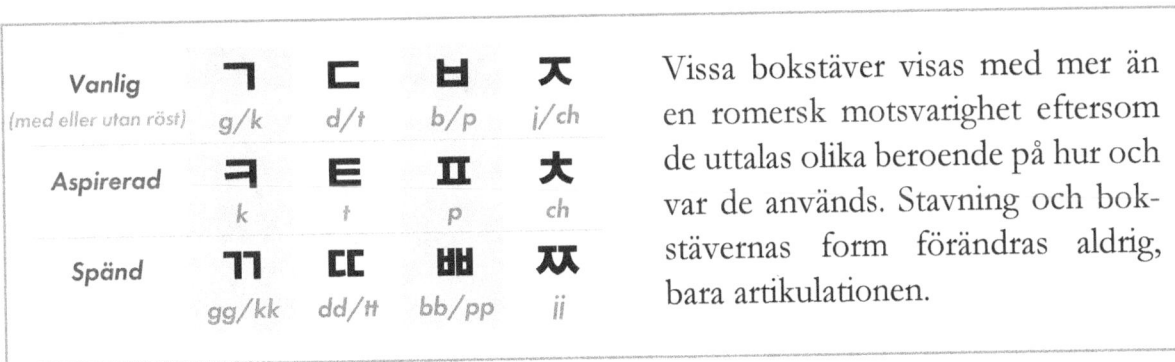

Vanlig (med eller utan röst)	ㄱ g/k	ㄷ d/t	ㅂ b/p	ㅈ j/ch
Aspirerad	ㅋ k	ㅌ t	ㅍ p	ㅊ ch
Spänd	ㄲ gg/kk	ㄸ dd/tt	ㅃ bb/pp	ㅉ jj

Vissa bokstäver visas med mer än en romersk motsvarighet eftersom de uttalas olika beroende på hur och var de används. Stavning och bokstävernas form förändras aldrig, bara artikulationen.

En del av problemet för studenterna är att romanisering helt enkelt inte är ett korrekt sätt att förmedla ljuden i Hangul. Många konsonanter låter för lika varandra när de romaniseras, vilket lägger till ett extra lager av svårigheter som vi inte kan undvika. Vi förstår skillnaderna mellan ljuden bättre med tiden och med mer exponering för språket. *När du har lärt dig Hangul rekommenderar vi att du lyssnar på massor av koreanskt tal!*

Del 2

LÄR DIG GRUNDLÄGGANDE HANGUL

ㄱ ㄱ g

NAMN 기역 **giyeok**

SÄG *Inledande* **g** Uttalas som **"g" i gummi**

Slutlig - **k** Uttalas som **"k" i docka**

STYLER ㄱ ㄱ ㄱ ㄱ ㄱ ㄱ

SKRIV Tillverkad med ett enda tryck.

I ANVÄNDNING 개 hund 가족 familj

gae *gajok*

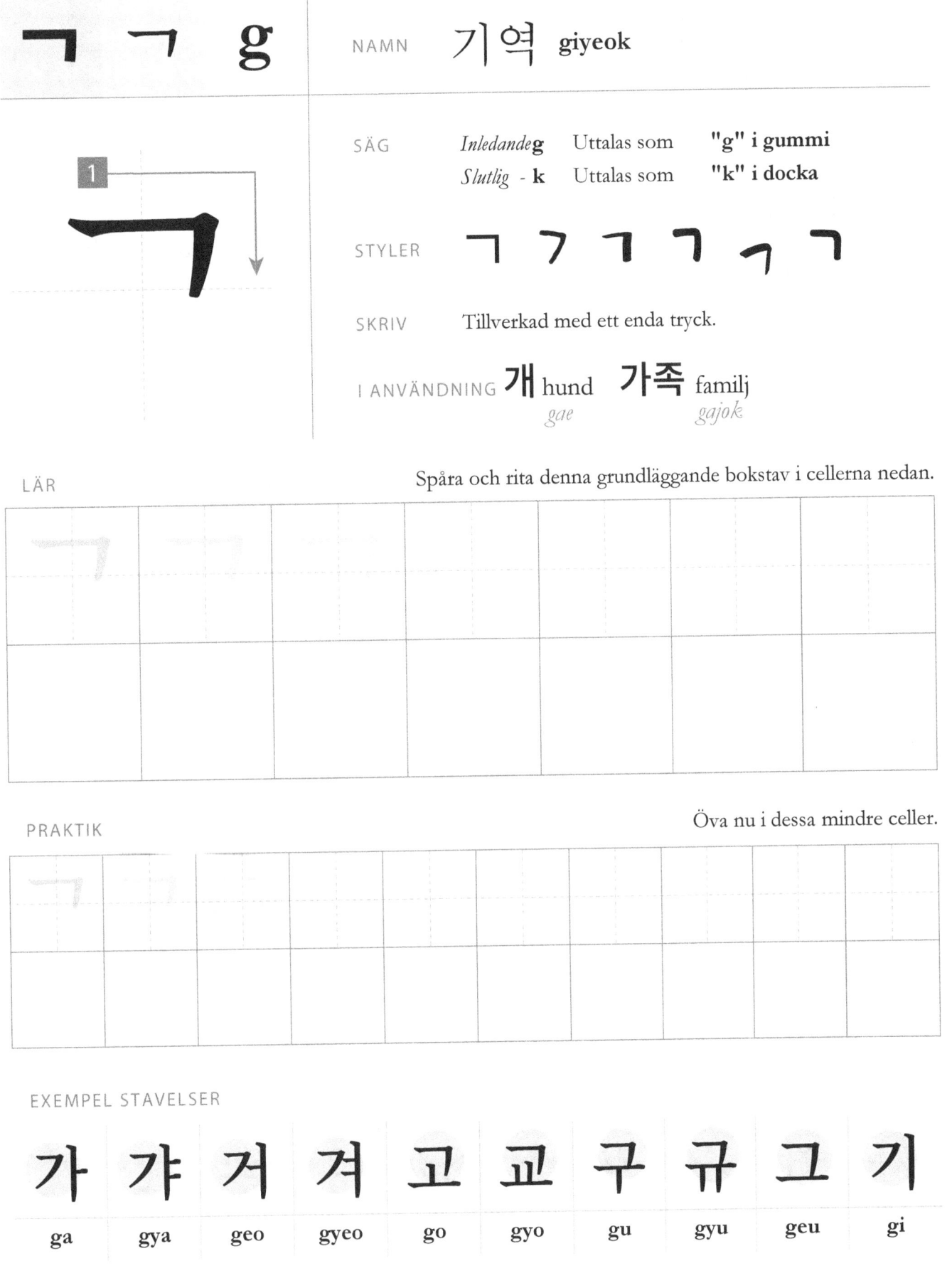

LÄR

Spåra och rita denna grundläggande bokstav i cellerna nedan.

PRAKTIK

Öva nu i dessa mindre celler.

EXEMPEL STAVELSER

가	갸	거	겨	고	교	구	규	그	기
ga	**gya**	**geo**	**gyeo**	**go**	**gyo**	**gu**	**gyu**	**geu**	**gi**

ㅋ ㅋ k

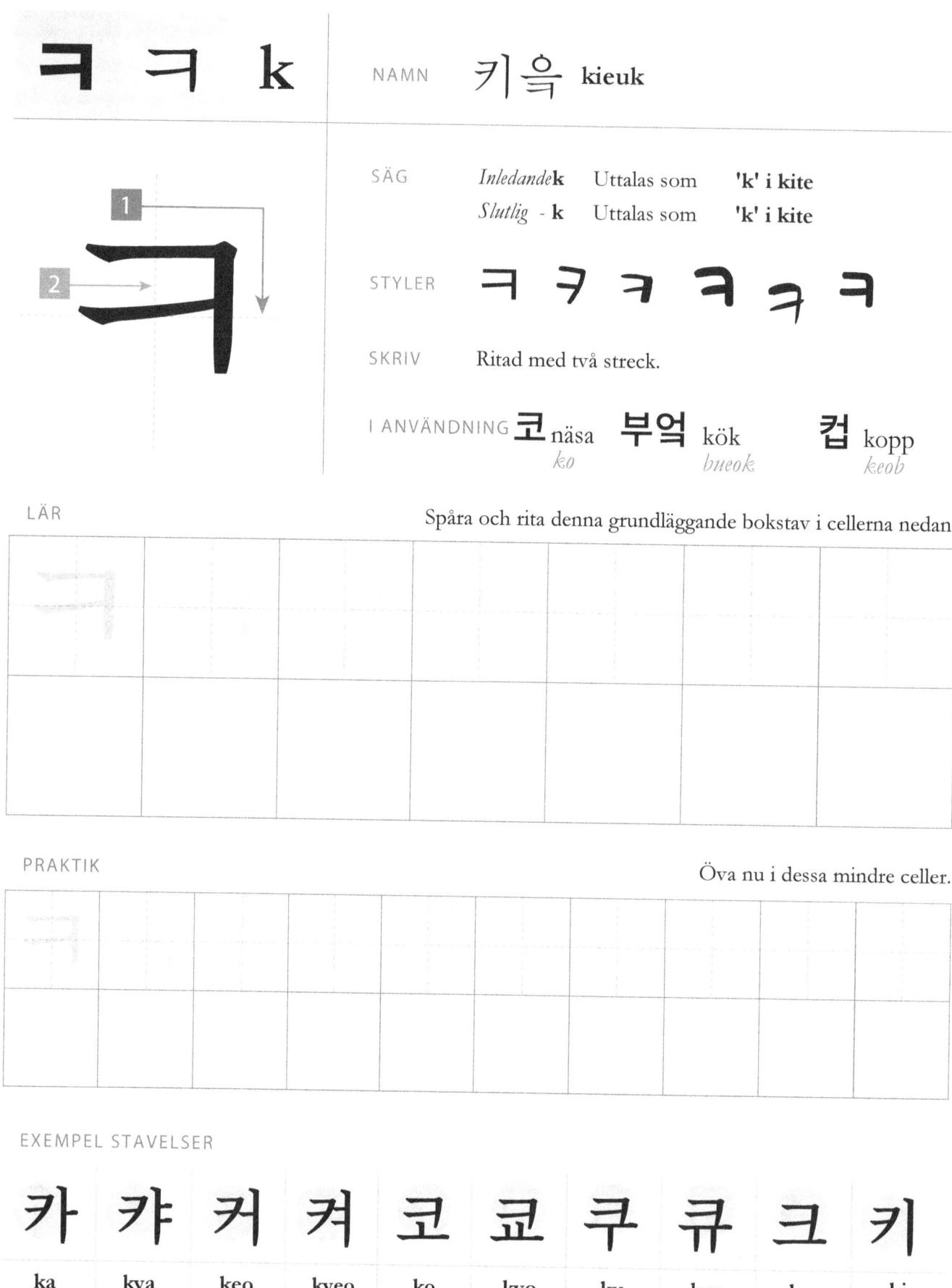

SÄG　　*Inledande* **k**　Uttalas som　**'k' i kite**
　　　　Slutlig - **k**　Uttalas som　**'k' i kite**

STYLER　　ㅋ ㅋ ㅋ ㅋ ㅋ ㅋ

SKRIV　　Ritad med två streck.

I ANVÄNDNING　**코** näsa　**부엌** kök　**컵** kopp
　　　　　　ko　　　　*bueok*　　　*keob*

LÄR　　　　　　　　　　Spåra och rita denna grundläggande bokstav i cellerna nedan.

PRAKTIK　　　　　　　　　　　　　　　　　Öva nu i dessa mindre celler.

EXEMPEL STAVELSER

카	캬	커	켜	코	쿄	쿠	큐	크	키
ka	**kya**	**keo**	**kyeo**	**ko**	**kyo**	**ku**	**kyu**	**keu**	**ki**

ㄴ ㄴ n

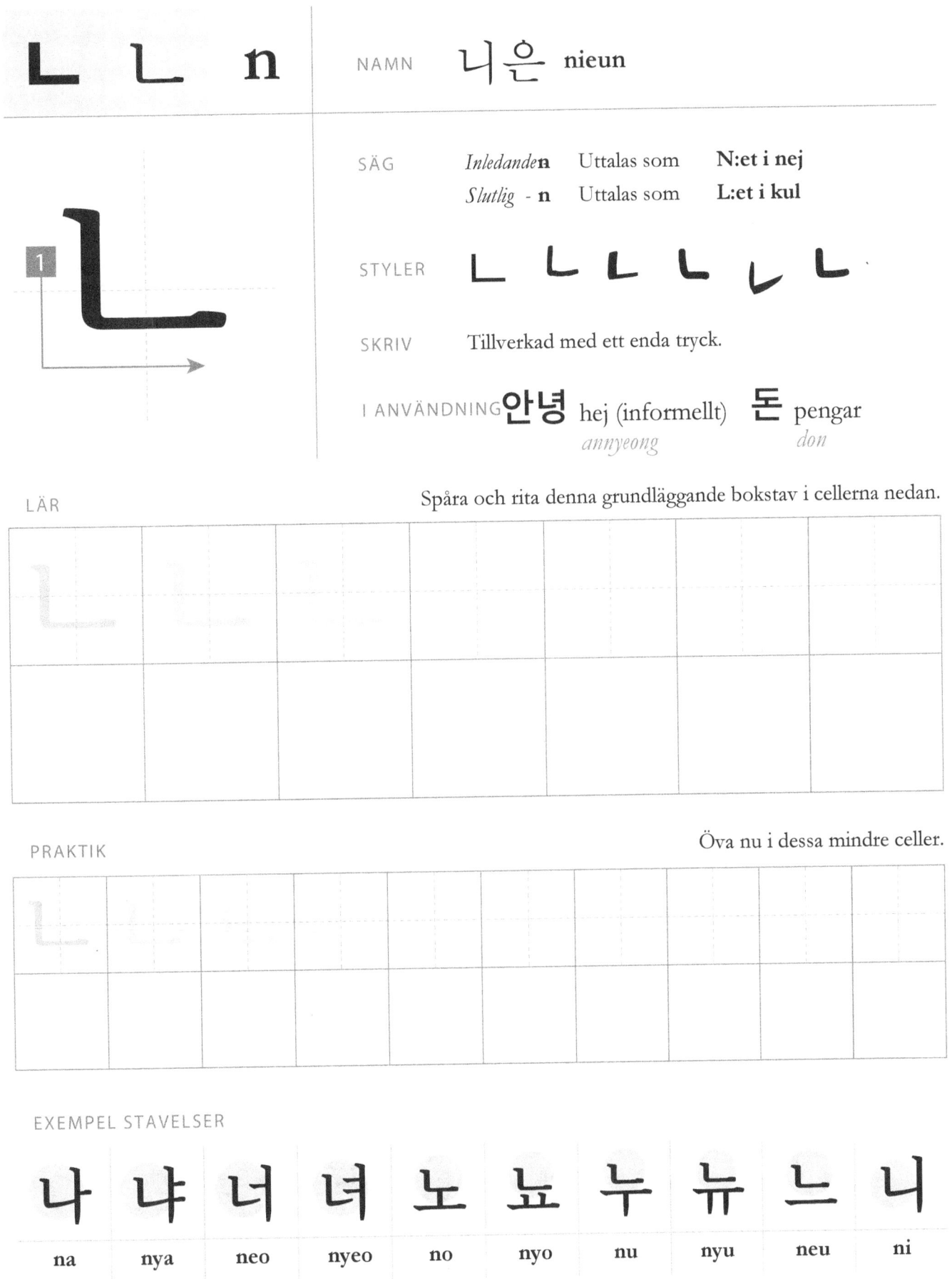

NAMN ㄴ은 nieun

SÄG
Inledande **n** Uttalas som **N:et i nej**
Slutlig - **n** Uttalas som **L:et i kul**

STYLER ㄴ ㄴ ㄴ ㄴ ㄴ ㄴ

SKRIV Tillverkad med ett enda tryck.

I ANVÄNDNING 안녕 hej (informellt) 돈 pengar
annyeong *don*

LÄR

Spåra och rita denna grundläggande bokstav i cellerna nedan.

PRAKTIK

Öva nu i dessa mindre celler.

EXEMPEL STAVELSER

나	냐	너	녀	노	뇨	누	뉴	느	니
na	nya	neo	nyeo	no	nyo	nu	nyu	neu	ni

ㄷ ㄷ d

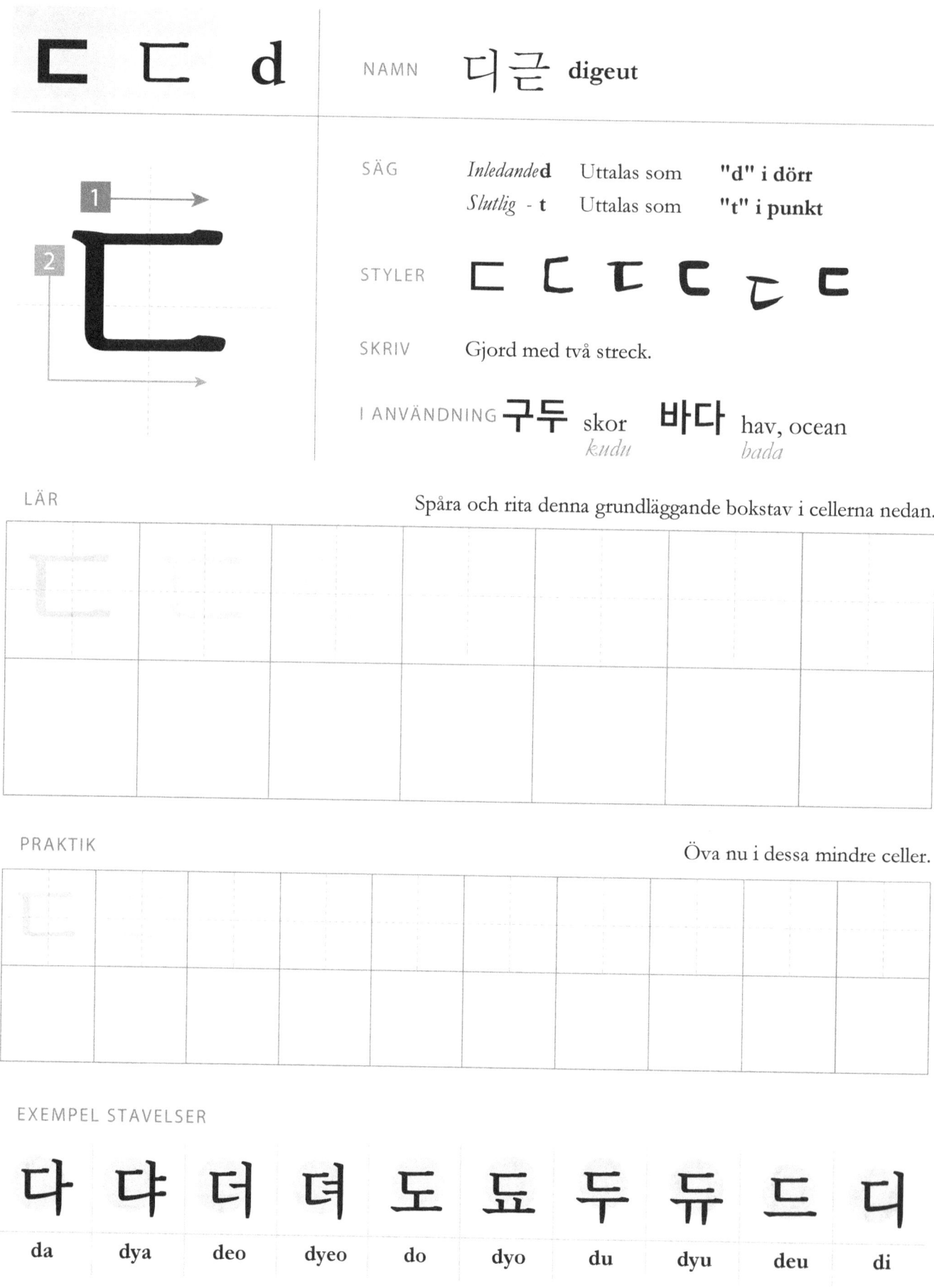

SÄG | *Inledande* **d** | Uttalas som | **"d" i dörr**
Slutlig - **t** | Uttalas som | **"t" i punkt**

STYLER ㄷ ㄷ ㄷ ㄷ ㄷ

SKRIV Gjord med två streck.

I ANVÄNDNING 구두 skor 바다 hav, ocean
kudu *bada*

LÄR

Spåra och rita denna grundläggande bokstav i cellerna nedan.

PRAKTIK

Öva nu i dessa mindre celler.

EXEMPEL STAVELSER

다	댜	더	뎌	도	됴	두	듀	드	디
da	dya	deo	dyeo	do	dyo	du	dyu	deu	di

ㅌ E t

SÄG   *Inledande* **t**   Uttalas som   **t:et i tenn**

        Slutlig - **t**   Uttalas som   **"t" i inte**

STYLER   E E E E E E

SKRIV   Tillagad med tre strykningar.

I ANVÄNDNING   **토요일** Lördag   **튀김** stekt mat

                   toyoil   *twigim*

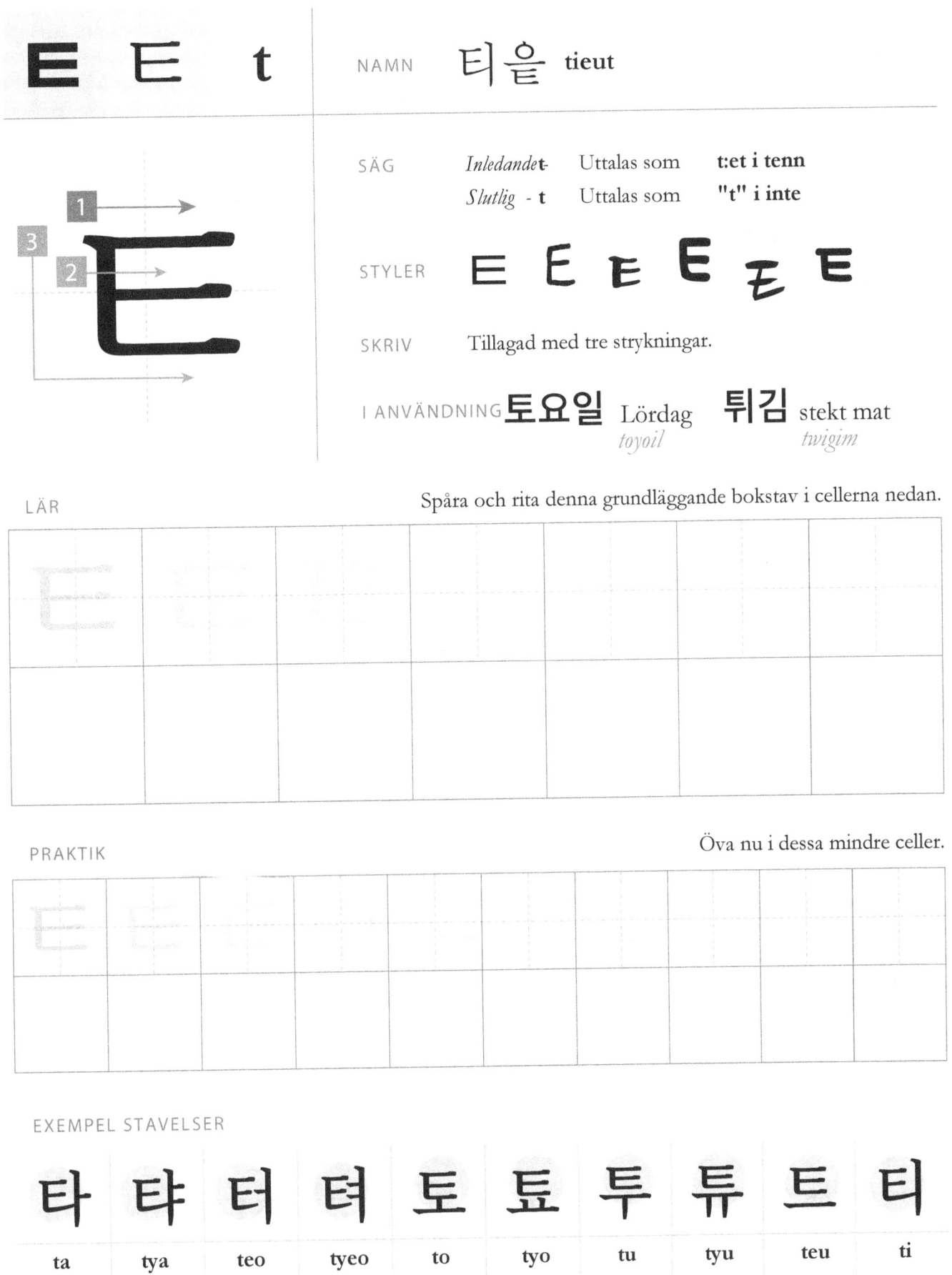

LÄR   Spåra och rita denna grundläggande bokstav i cellerna nedan.

                                            Öva nu i dessa mindre celler.

PRAKTIK

EXEMPEL STAVELSER

타	탸	터	텨	토	툐	투	튜	트	티
ta	tya	teo	tyeo	to	tyo	tu	tyu	teu	ti

ㄹ ㄹ r/l

NAMN 리을 rieul

SÄG
Inledande r   Uttalas som   **"r" i körning**
Slutlig - l   Uttalas som   **"l" på rullen**

STYLER ㄹ ㄹ ㄹ ㄹ ㄹ ㄹ

SKRIV Ritad med tre streck.

I ANVÄNDNING 라면 ramen-nudlar   주말 helg
ramyeon   *jumal*

LÄR

Spåra och rita denna grundläggande bokstav i cellerna nedan.

PRAKTIK

Öva nu i dessa mindre celler.

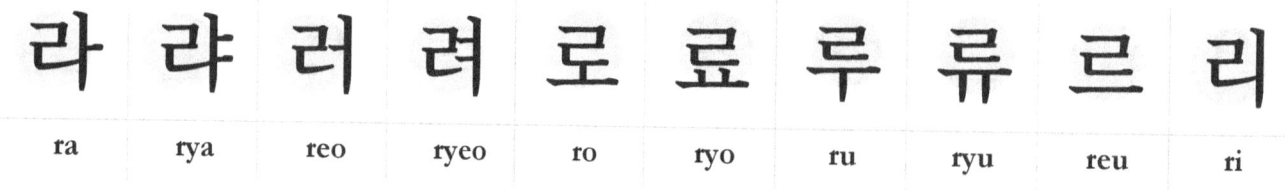

EXEMPEL STAVELSER

라	랴	러	려	로	료	루	류	르	리
ra	rya	reo	ryeo	ro	ryo	ru	ryu	reu	ri

□ □ m

NAMN 미음 mieum

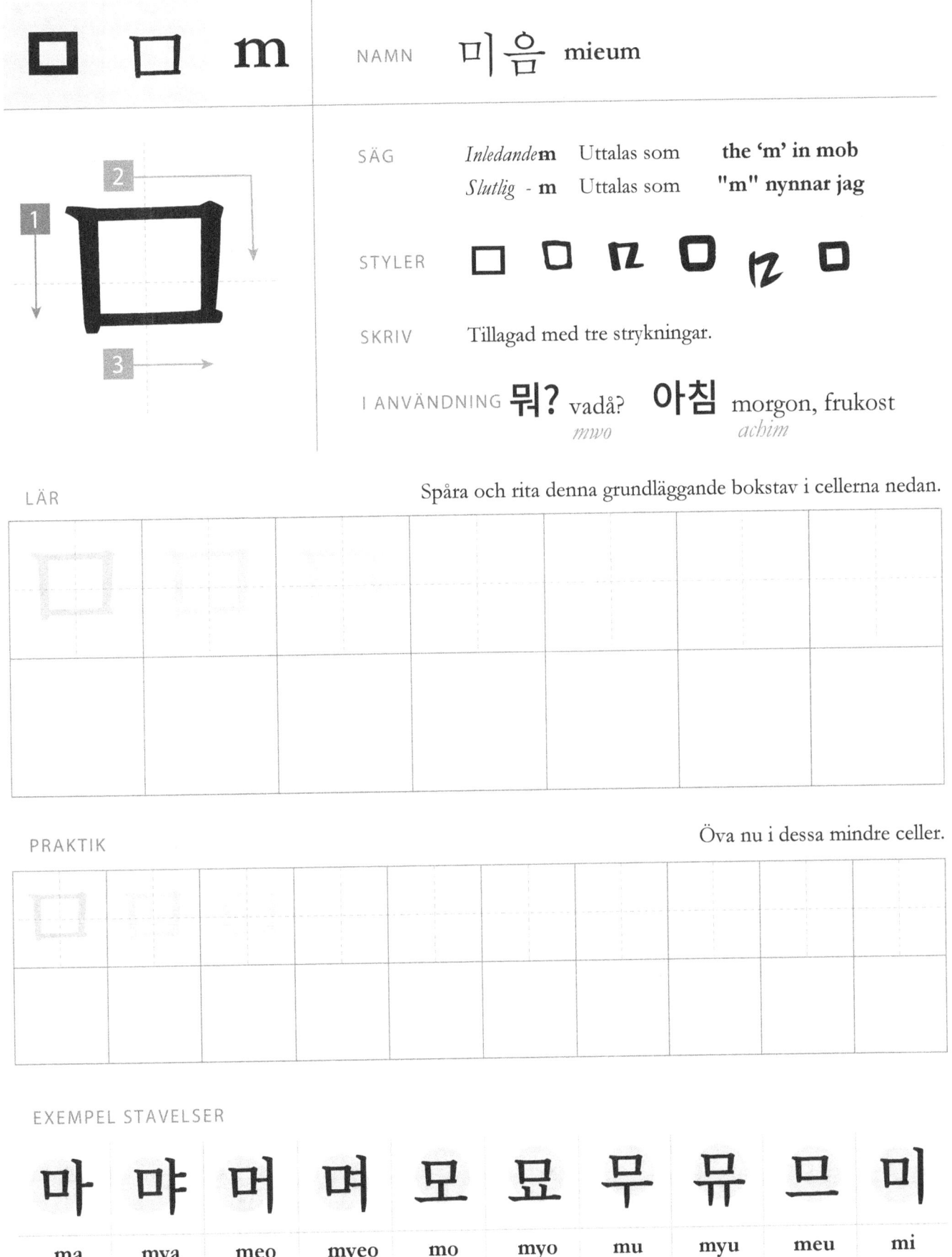

SÄG *Inledande* m Uttalas som the 'm' in mob
Slutlig - m Uttalas som "m" nynnar jag

STYLER □ □ ㄲ □ ㄷ □

SKRIV Tillagad med tre strykningar.

I ANVÄNDNING 뭐? vadå? 아침 morgon, frukost
mwo *achim*

LÄR Spåra och rita denna grundläggande bokstav i cellerna nedan.

PRAKTIK Öva nu i dessa mindre celler.

EXEMPEL STAVELSER

마 먀 머 며 모 묘 무 뮤 므 미

ma mya meo myeo mo myo mu myu meu mi

23

ㅂ ㅂ b

SÄG *Inledande* **b**   Uttalas som   **the 'b' in baby**
     Slutlig - **p**   Uttalas som   **the 'p' in slap**

STYLER   ㅂ ㅂ ㅂ ㅂ ㅂ

SKRIV   Gjord med fyra raka streck.

I ANVÄNDNING   비 regn   버스 buss   밥 ris
               bi   *beoseu*   *bap*

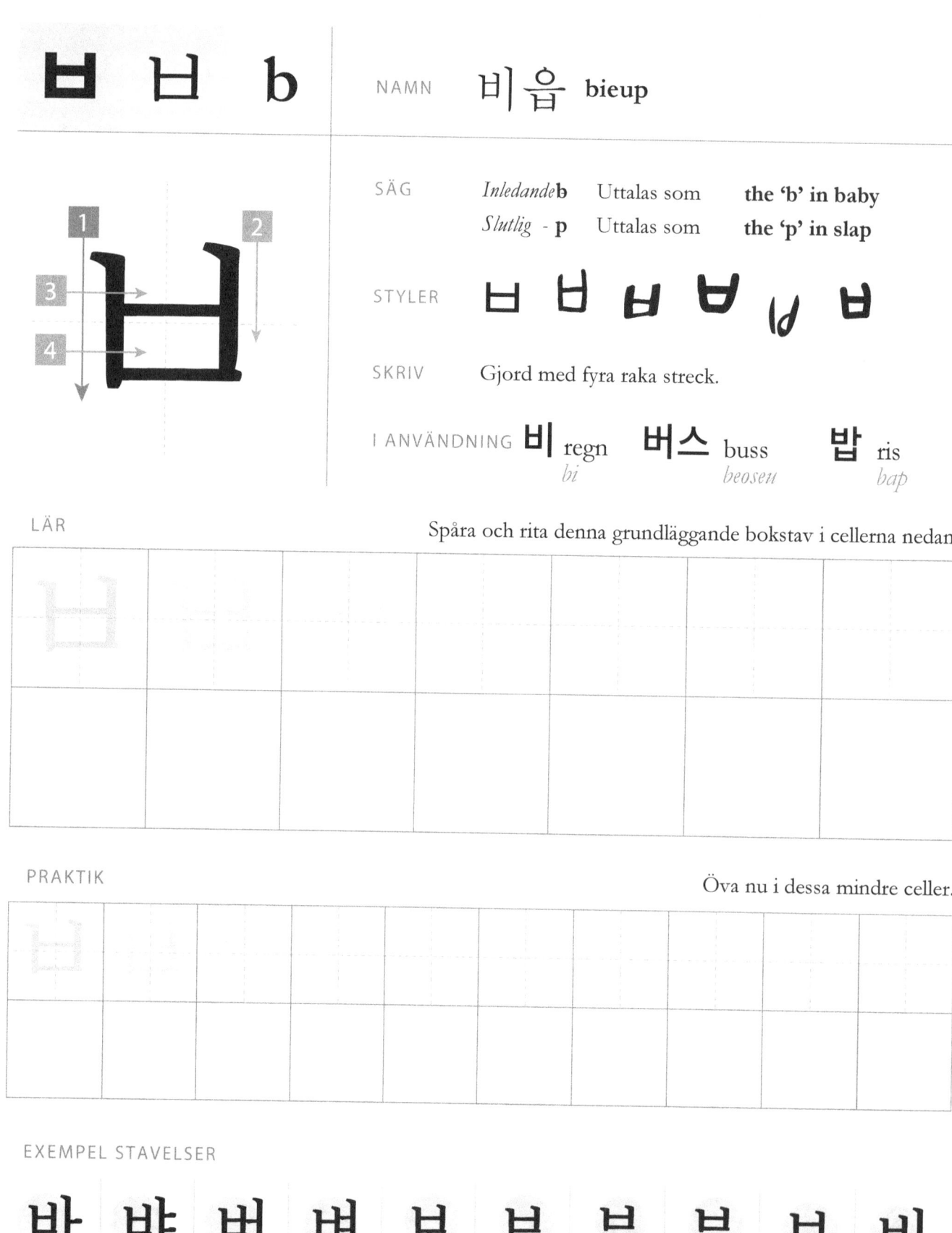

LÄR   Spåra och rita denna grundläggande bokstav i cellerna nedan.

PRAKTIK   Öva nu i dessa mindre celler.

EXEMPEL STAVELSER

바	뱌	버	벼	보	뵤	부	뷰	브	비
ba	bya	beo	byeo	bo	byo	bu	byu	beu	bi

ㅍ ㅍ p

NAMN 피읖 pieup

SÄG
Inledande **p** Uttalas som **p:et i pizza**
Slutlig - **p** Uttalas som **p:et i tupplur**

STYLER ㅍ ㅍ ㅍ ㅍ ㅍ ㅍ

SKRIV Ritad med fyra streck.

I ANVÄNDNING **파티** fest **피자** pizza **커피** Kaffe
pati *pija* *keopi*

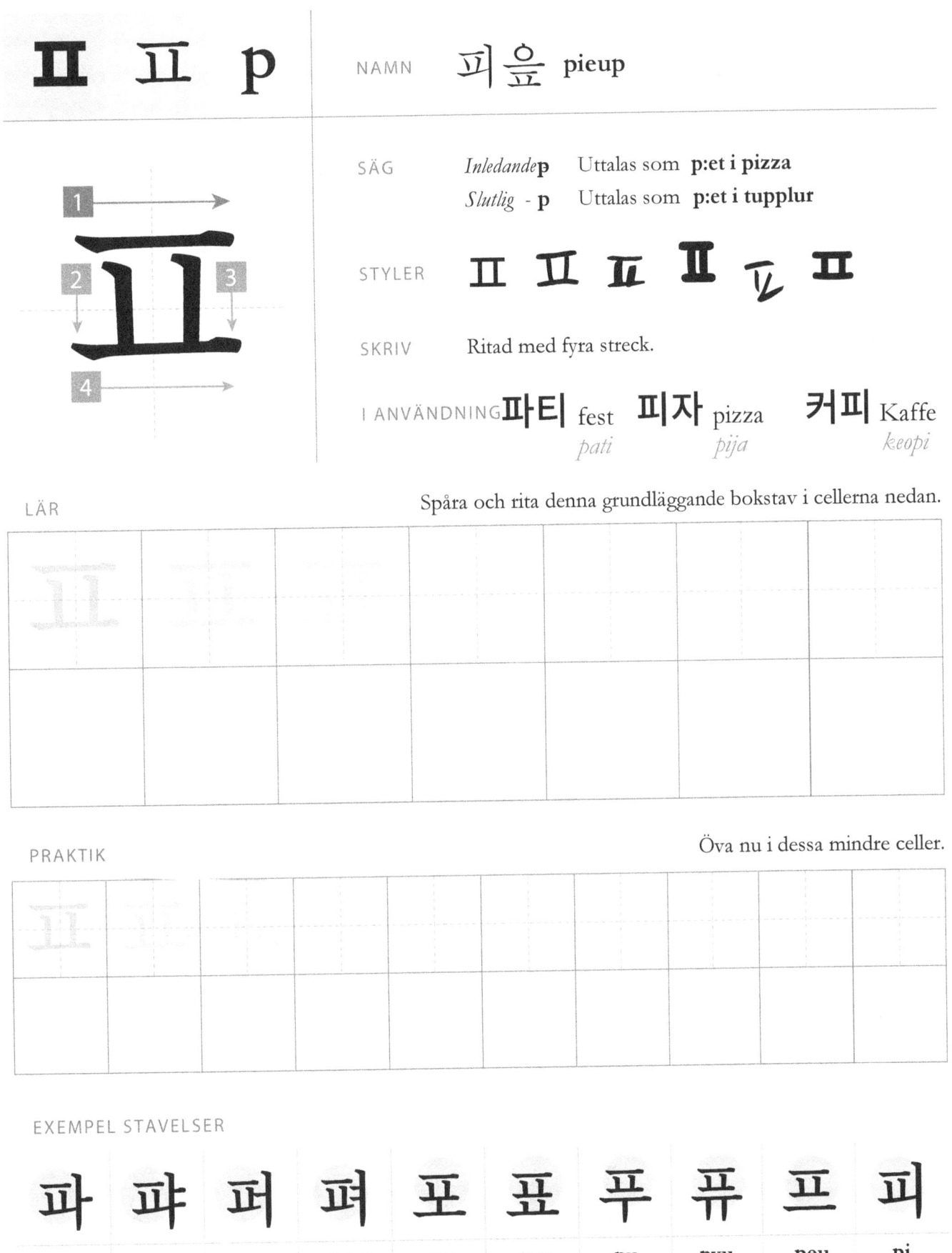

LÄR

Spåra och rita denna grundläggande bokstav i cellerna nedan.

PRAKTIK

Öva nu i dessa mindre celler.

EXEMPEL STAVELSER

파	파	퍼	펴	포	표	푸	퓨	프	피
pa	pya	peo	pyeo	po	pyo	pu	pyu	peu	pi

人 人 **S**

NAMN	시옷 siot

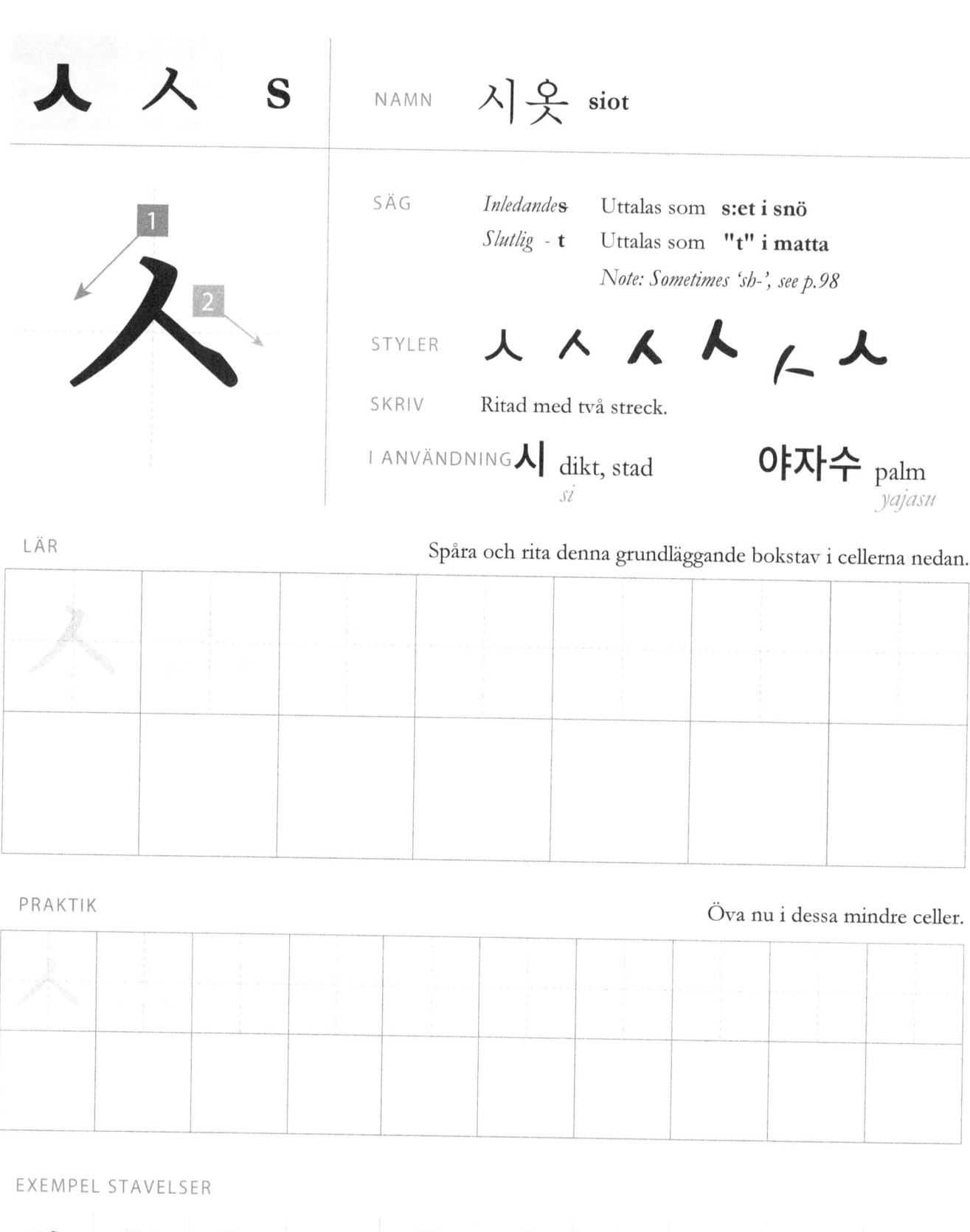

SÄG   *Inledande* **s**   Uttalas som **s:et i snö**

Slutlig - **t**   Uttalas som **"t" i matta**

Note: Sometimes 'sh-', see p.98

STYLER   人 人 人 人 人 人

SKRIV   Ritad med två streck.

I ANVÄNDNING **시** dikt, stad

si

야자수 palm

yajasu

LÄR   Spåra och rita denna grundläggande bokstav i cellerna nedan.

PRAKTIK   Öva nu i dessa mindre celler.

EXEMPEL STAVELSER

사	샤	서	셔	소	쇼	수	슈	스	시
sa	**sya**	**seo**	**syeo**	**so**	**syo**	**su**	**syu**	**seu**	**si**

26

ㅈ ㅈ j

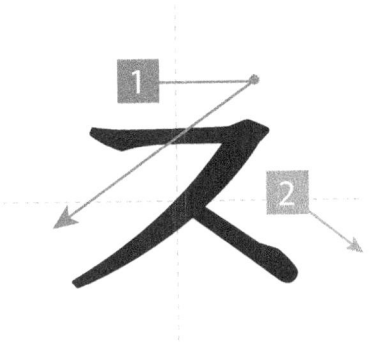

SÄG *Inledande* **j-** Uttalas som **j:et i juice**
Slutlig **- t** Uttalas som **"t" i chatt**

STYLER ㅈ ㅈ ㅈ ㅈ ㅈ ㅈ

SKRIV Gjord med två streck.

I ANVÄNDNING **주스** juice **직업** jobb, sysselsättning
jusen *jigeop*

LÄR

Spåra och rita denna grundläggande bokstav i cellerna nedan.

PRAKTIK

Öva nu i dessa mindre celler.

EXEMPEL STAVELSER

자	쟈	저	져	조	죠	주	쥬	즈	지
ja	jya	jeo	jyeo	jo	jyo	ju	jyu	jeu	ji

ㅊ ㅊ ch

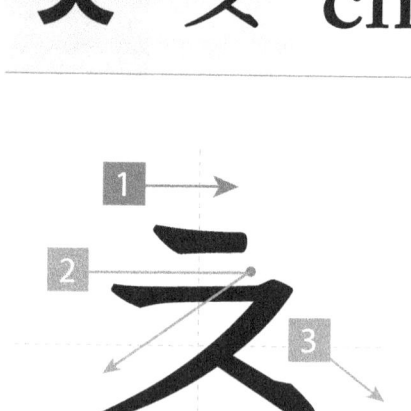

SÄG

Inledande **ch**   Uttalas som **"ch" i chatt**

Slutlig - **t**   Uttalas som **"t" i katt**

STYLER   ㅊ ㅊ ㅊ ㅊ ㅊ ㅊ

SKRIV   Ritad med tre streck.

I ANVÄNDNING   **차** bil   **부츠** stövlar

           cha   *bucheu*

LÄR

Spåra och rita denna grundläggande bokstav i cellerna nedan.

PRAKTIK

Öva nu i dessa mindre celler.

EXEMPEL STAVELSER

차	챠	처	쳐	초	쵸	추	츄	츠	치
cha	chya	cheo	chyeo	cho	chyo	chu	chyu	cheu	chi

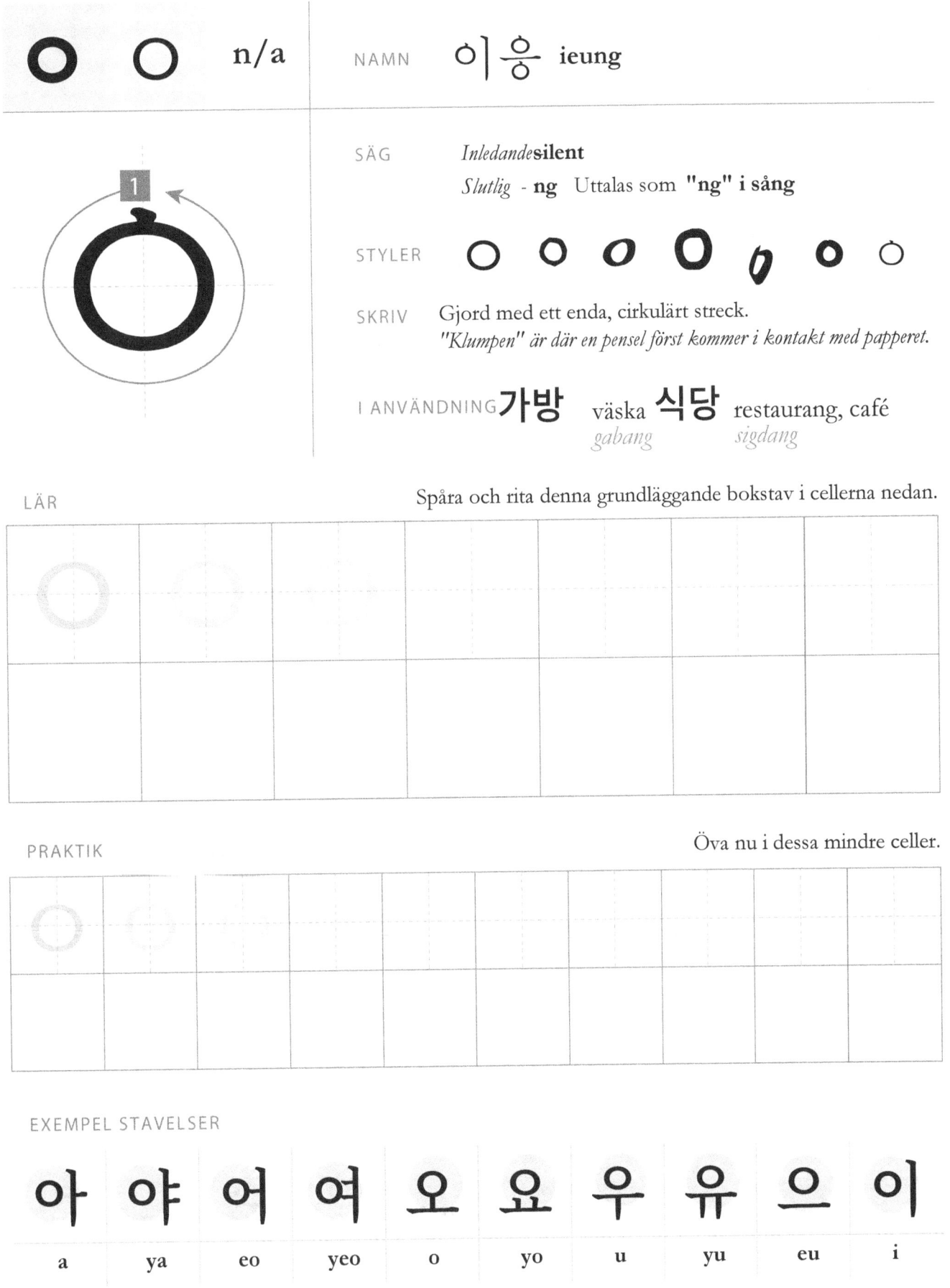

O O n/a

NAMN 이응 ieung

SÄG
Inledande **silent**
Slutlig - **ng** Uttalas som **"ng" i sång**

STYLER O O O O O O O

SKRIV Gjord med ett enda, cirkulärt streck.
"Klumpen" är där en pensel först kommer i kontakt med papperet.

I ANVÄNDNING 가방 väska 식당 restaurang, café
gabang *sigdang*

LÄR Spåra och rita denna grundläggande bokstav i cellerna nedan.

PRAKTIK Öva nu i dessa mindre celler.

EXEMPEL STAVELSER

아	야	어	여	오	요	우	유	으	이
a	ya	eo	yeo	o	yo	u	yu	eu	i

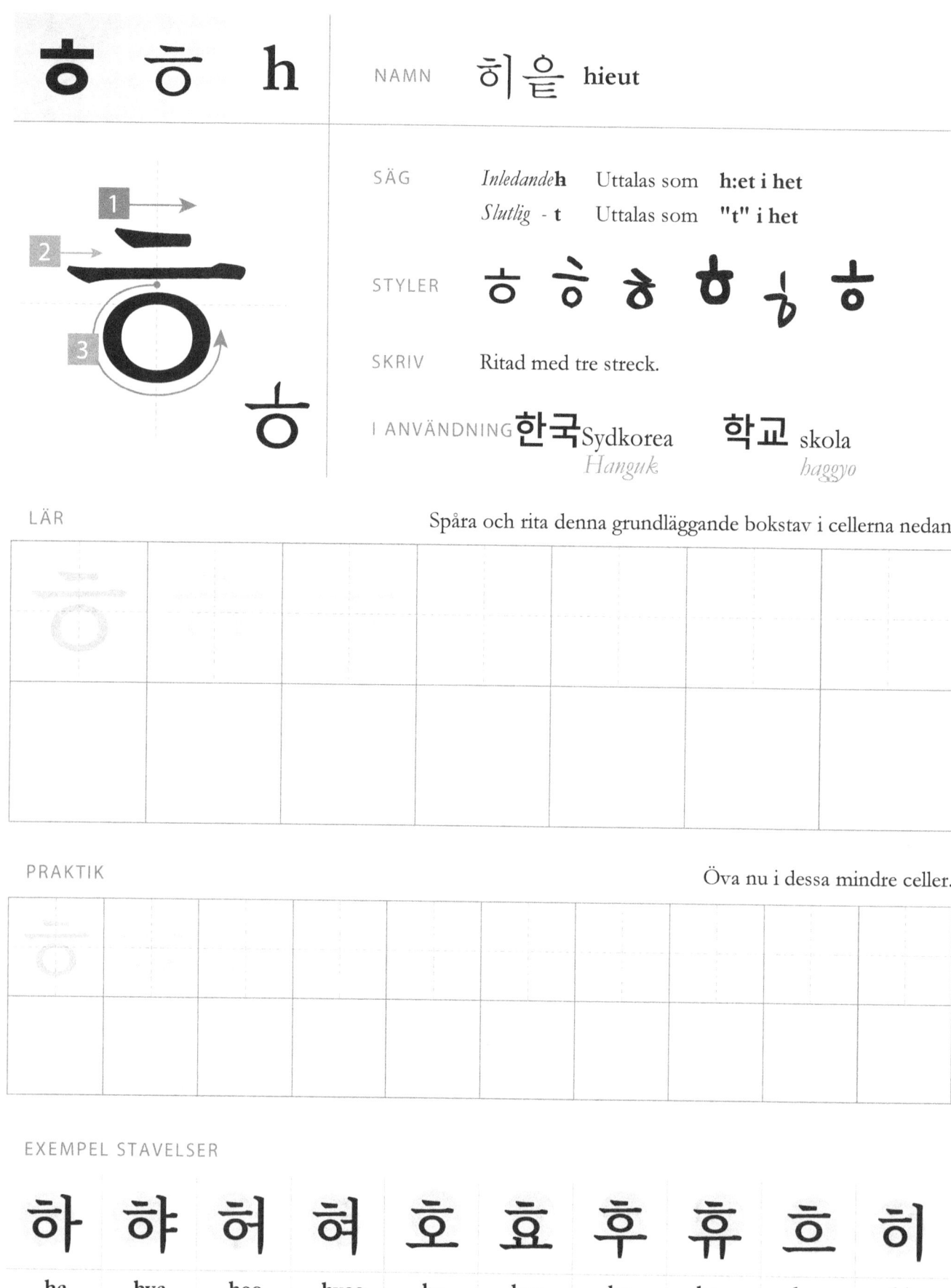

ㅎ ㅎ h

NAMN 히읕 hieut

SÄG *Inledande* **h**   Uttalas som   **h:et i het**
     Slutlig - **t**   Uttalas som   **"t" i het**

STYLER   ㅎ ㅎ ㅎ ㅎ ㅎ ㅎ

SKRIV   Ritad med tre streck.

I ANVÄNDNING **한국** Sydkorea   **학교** skola
              Hanguk   *haggyo*

LÄR

Spåra och rita denna grundläggande bokstav i cellerna nedan.

PRAKTIK

Öva nu i dessa mindre celler.

EXEMPEL STAVELSER

하	햐	허	혀	호	효	후	휴	흐	히
ha	**hya**	**heo**	**hyeo**	**ho**	**hyo**	**hu**	**hyu**	**heu**	**hi**

ㅏ ㅏ a

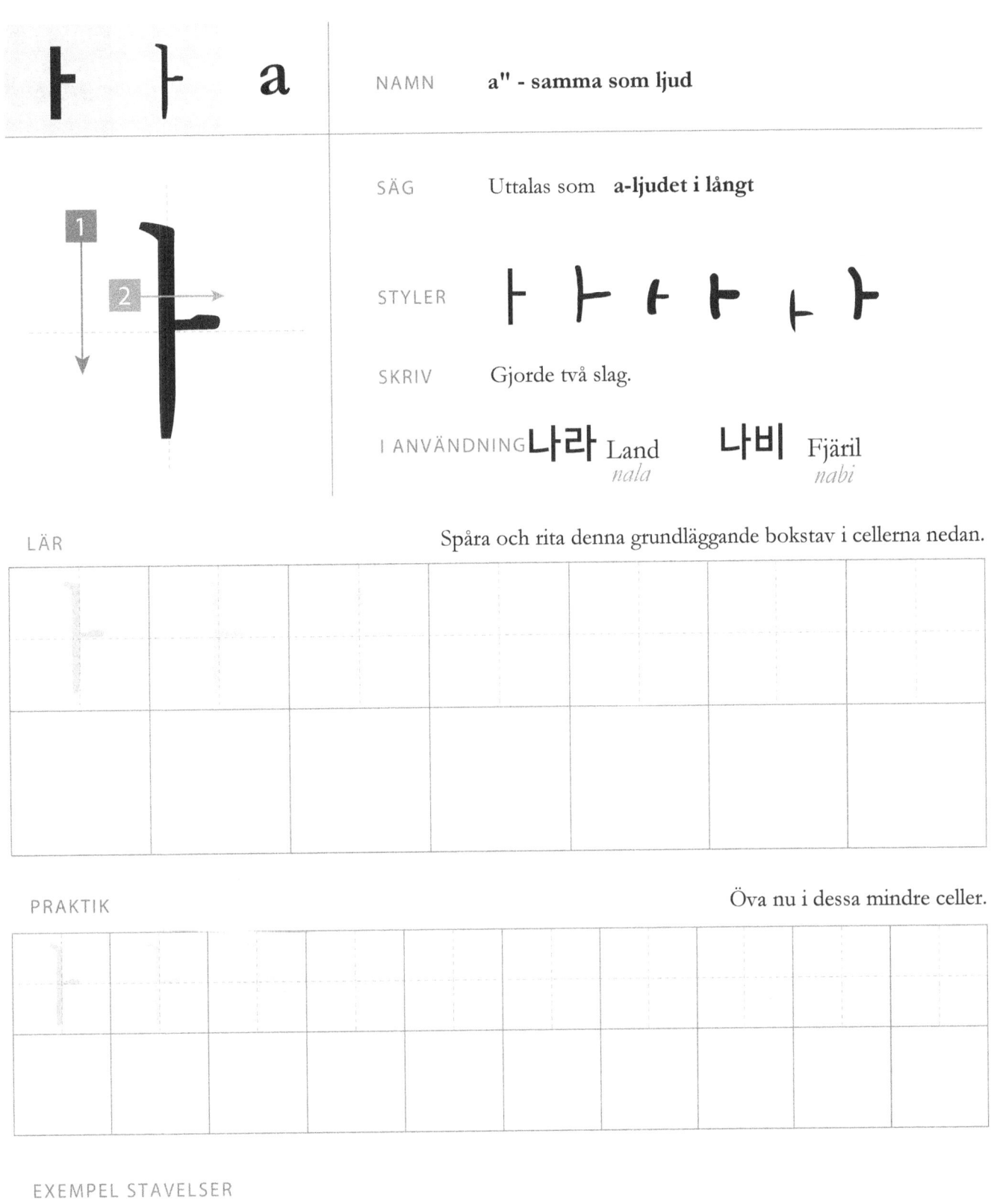

NAMN a" - samma som ljud

SÄG Uttalas som **a-ljudet i långt**

STYLER ㅏ ㅏ ㅏ ㅏ ㅏ

SKRIV Gjorde två slag.

I ANVÄNDNING 나라 Land *nala*   나비 Fjäril *nabi*

LÄR   Spåra och rita denna grundläggande bokstav i cellerna nedan.

PRAKTIK   Öva nu i dessa mindre celler.

EXEMPEL STAVELSER

가	카	나	다	타	라	마	바	파	사	자	차	아	하
ga	ka	na	da	ta	ra	ma	ba	pa	sa	ja	cha	a	ha

ㅑ ㅑ ya

NAMN **"ya" - samma som ljudet**

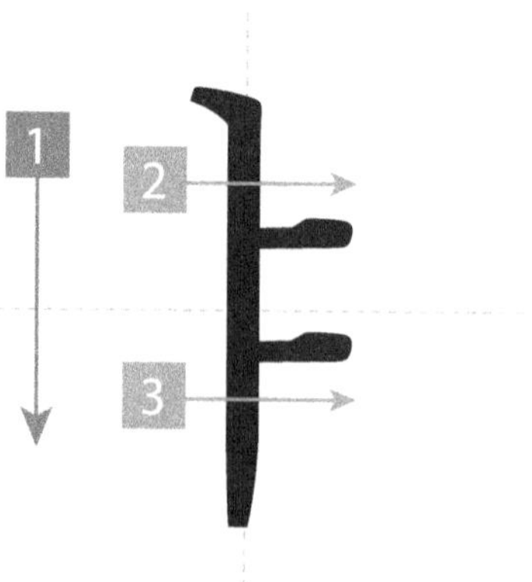

SÄG Uttalas som **"ga" i gård**
Precis som med "a" men med ett mjukt "y"-ljud längst fram.

STYLER ㅑ ㅑ ㅑ ㅑ ㅑ ㅑ

SKRIV Tillagad med tre strykningar.

I ANVÄNDNING **야구** baseboll **고양이** katt
yagu *goyangi*

LÄR Spåra och rita denna grundläggande bokstav i cellerna nedan.

PRAKTIK Öva nu i dessa mindre celler.

EXEMPEL STAVELSER

갸	캬	냐	댜	탸	랴	먀	뱌	퍄	샤	쟈	챠	야	햐
gya	kya	nya	dya	tya	rya	mya	bya	pya	sya	jya	chya	ya	hya

ㅓ ㅓ eo

NAMN   **"eo" - samma som ljud**

SÄG   Uttalas som **"u"-ljudet i buss**
Öppna munnen i en lång, hög form och håll läpparna stilla.

STYLER   ㅓ ㅓ ㅓ ㅓ ㅓ

SKRIV   Gjord med två streck.

I ANVÄNDNING   **단어** ord   **영어** Engelska (språk)
                       daneo   *yeongeo*

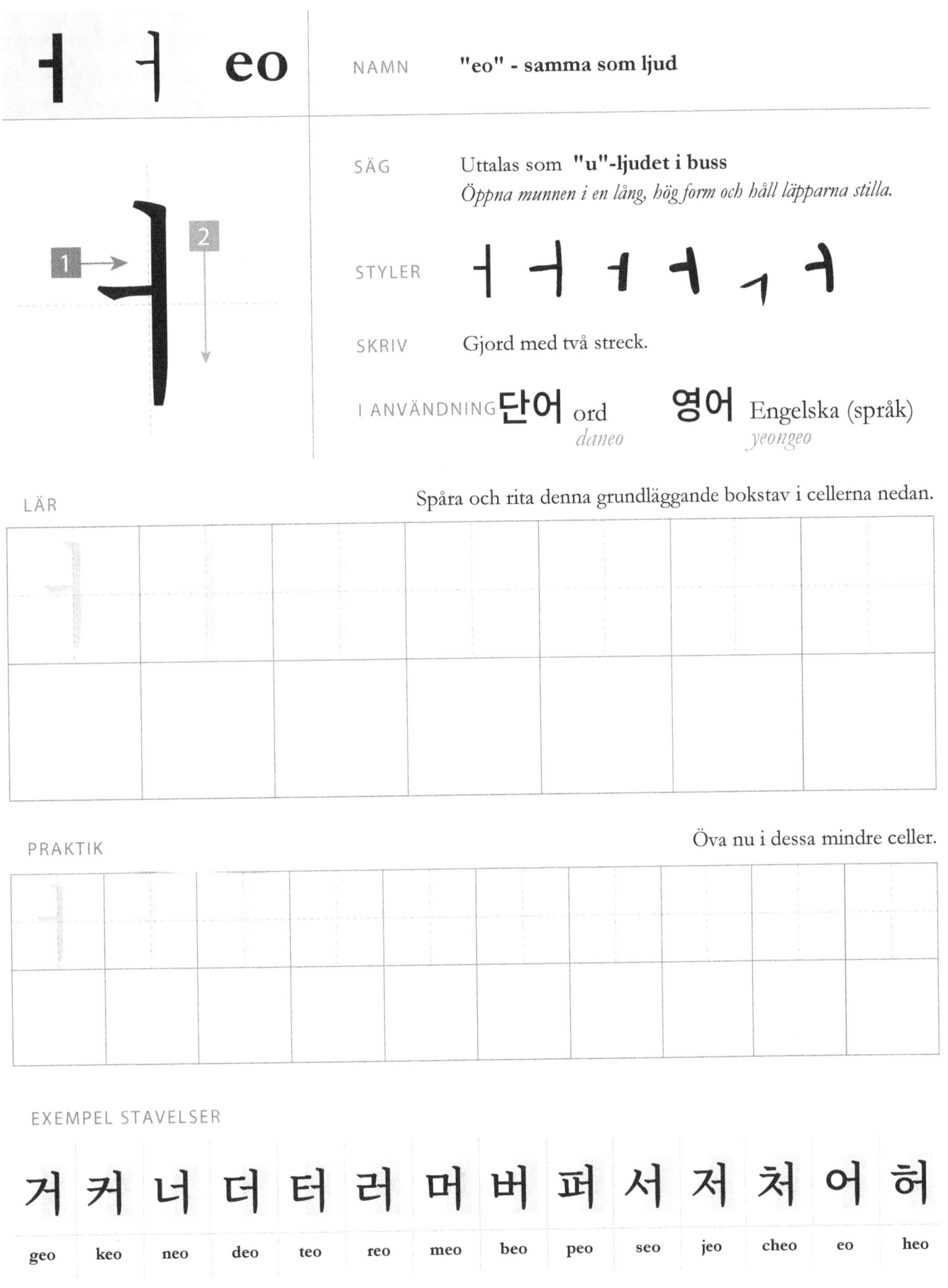

LÄR   Spåra och rita denna grundläggande bokstav i cellerna nedan.

                                                 Öva nu i dessa mindre celler.

PRAKTIK

EXEMPEL STAVELSER

거	커	너	더	터	러	머	버	퍼	서	저	처	어	허
geo	keo	neo	deo	teo	reo	meo	beo	peo	seo	jeo	cheo	eo	heo

ㅕ 여 yeo

NAMN	"Yeo" - samma som ljudet

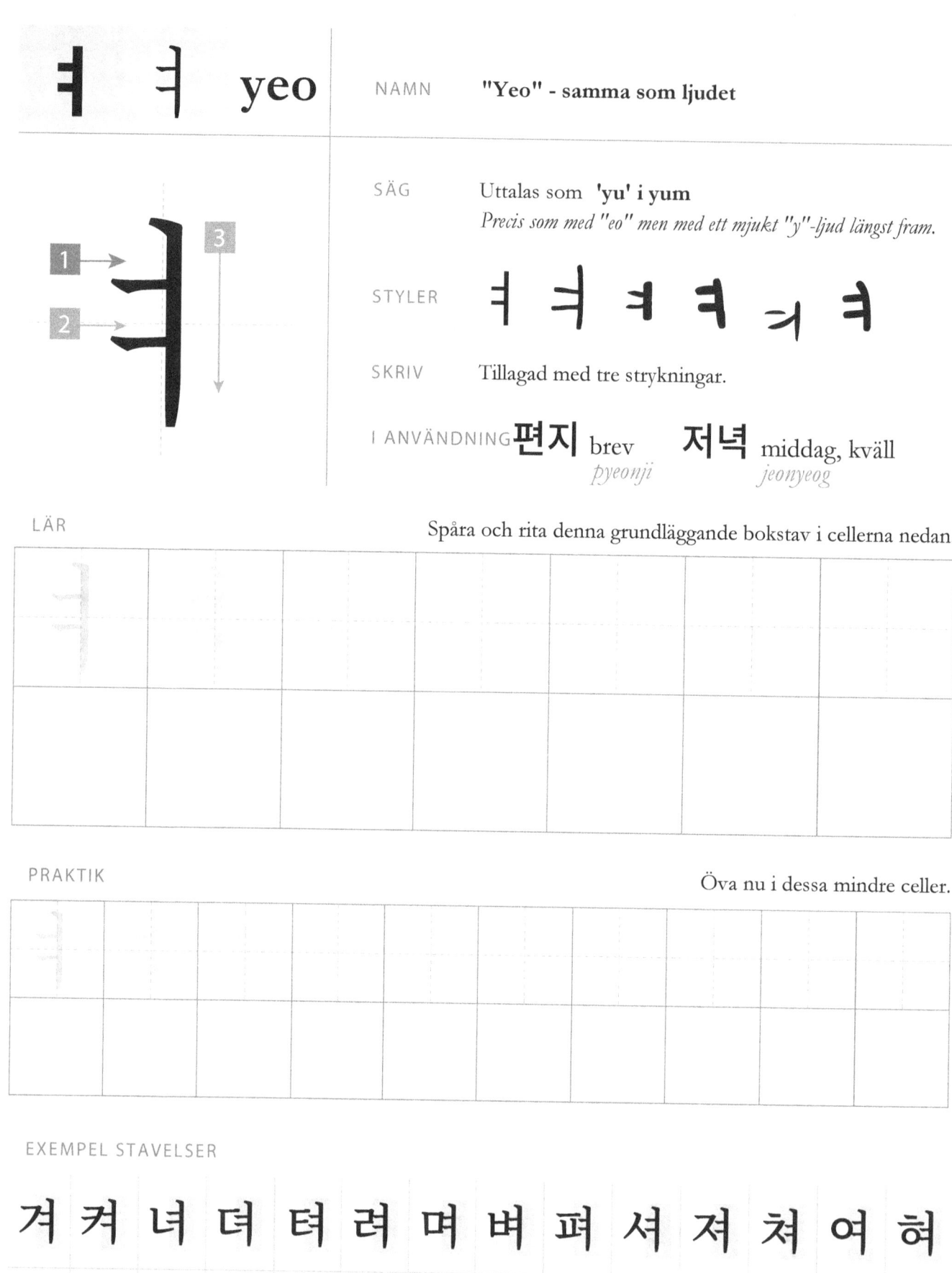

SÄG   Uttalas som **'yu' i yum**
Precis som med "eo" men med ett mjukt "y"-ljud längst fram.

STYLER   ㅕ ㅕ ㅕ ㅕ ㅕ ㅕ

SKRIV   Tillagad med tre strykningar.

I ANVÄNDNING   **편지** brev   **저녁** middag, kväll
          pyeonji   *jeonyeog*

LÄR

Spåra och rita denna grundläggande bokstav i cellerna nedan.

PRAKTIK

Öva nu i dessa mindre celler.

EXEMPEL STAVELSER

겨	켜	녀	뎌	텨	려	며	벼	펴	셔	져	쳐	여	혀
gyeo	kyeo	nyeo	dyeo	tyeo	ryeo	myeo	byeo	pyeo	syeo	jyeo	chyeo	yeo	hyeo

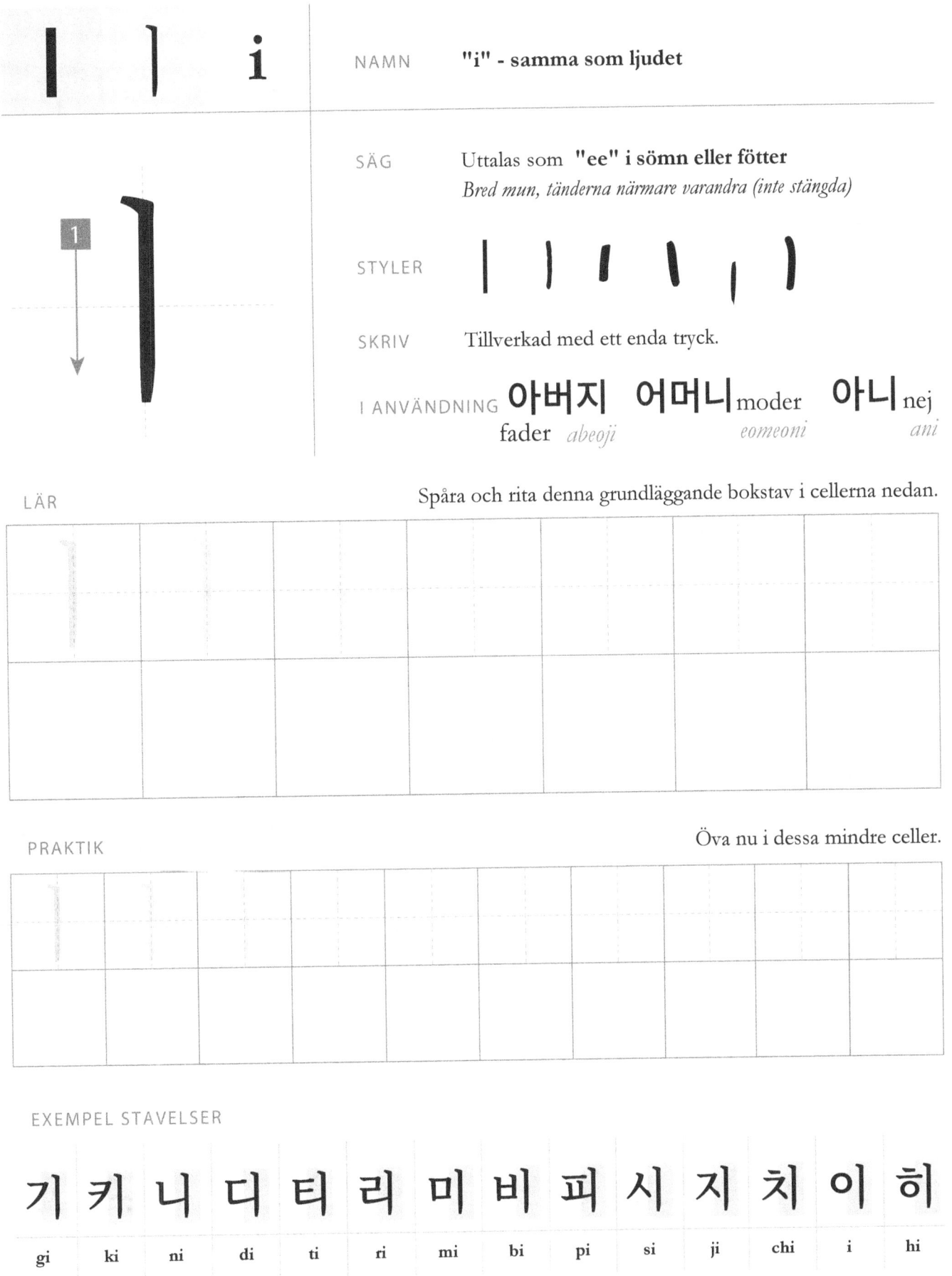

ㅣ ㅣ i

NAMN "i" - samma som ljudet

SÄG Uttalas som "ee" i sömn eller fötter
Bred mun, tänderna närmare varandra (inte stängda)

STYLER ㅣ) ㅣ ＼ ㅣ)

SKRIV Tillverkad med ett enda tryck.

I ANVÄNDNING 아버지 어머니 moder 아니 nej
fader *abeoji* *eomeoni* *ani*

LÄR

Spåra och rita denna grundläggande bokstav i cellerna nedan.

PRAKTIK

Öva nu i dessa mindre celler.

EXEMPEL STAVELSER

기	키	니	디	티	리	미	비	피	시	지	치	이	히
gi	ki	ni	di	ti	ri	mi	bi	pi	si	ji	chi	i	hi

ㅗ ㅗ O

O' - samma som ljud

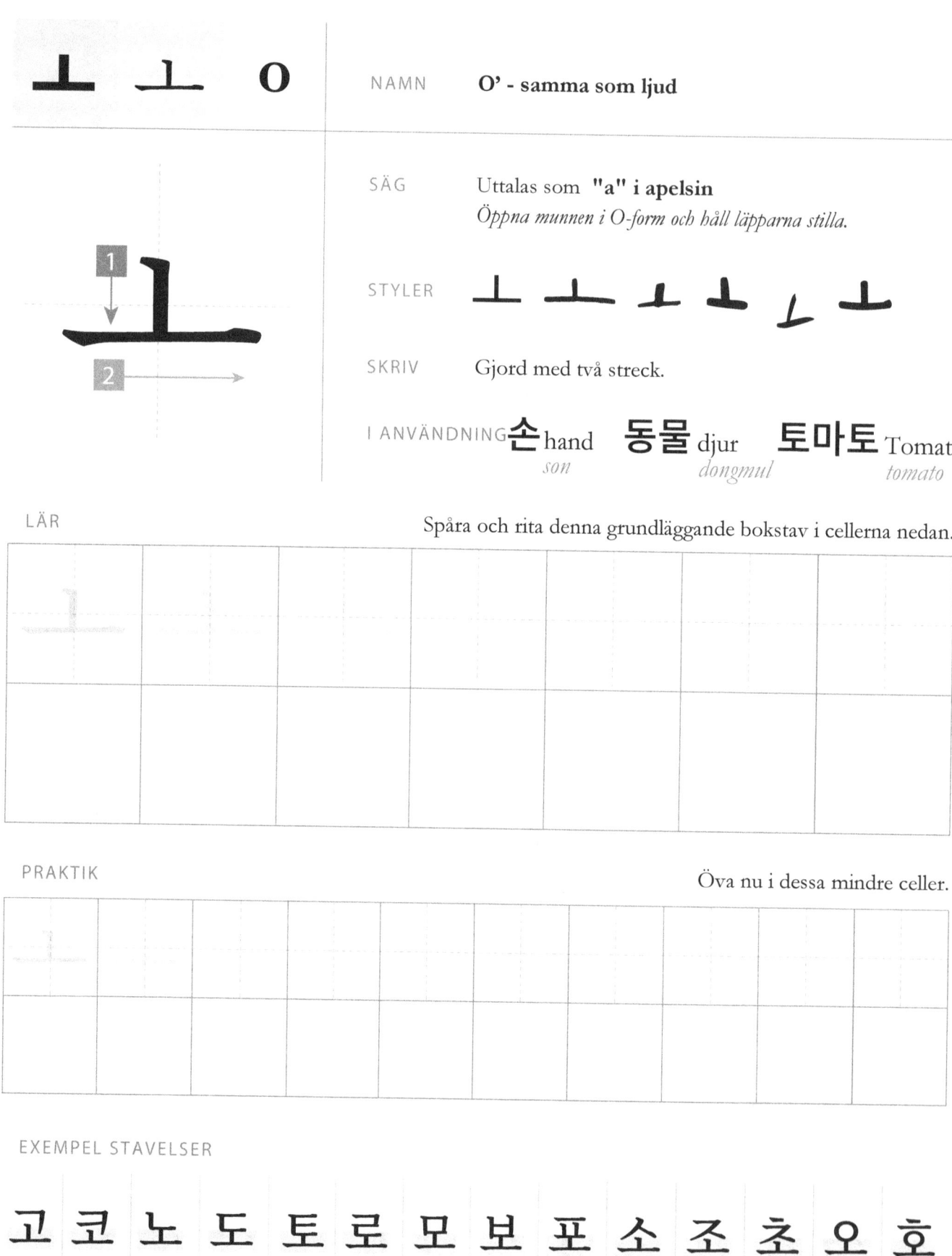

SÄG   Uttalas som **"a" i apelsin**
Öppna munnen i O-form och håll läpparna stilla.

STYLER   ㅗ ㅗ ㅗ ㅗ ㅗ ㅗ

SKRIV   Gjord med två streck.

I ANVÄNDNING **손** hand   **동물** djur   **토마토** Tomat
son   *dongmul*   *tomato*

LÄR   Spåra och rita denna grundläggande bokstav i cellerna nedan.

PRAKTIK   Öva nu i dessa mindre celler.

EXEMPEL STAVELSER

고	코	노	도	토	로	모	보	포	소	조	초	오	호
go	ko	no	do	to	ro	mo	bo	po	so	jo	cho	o	ho

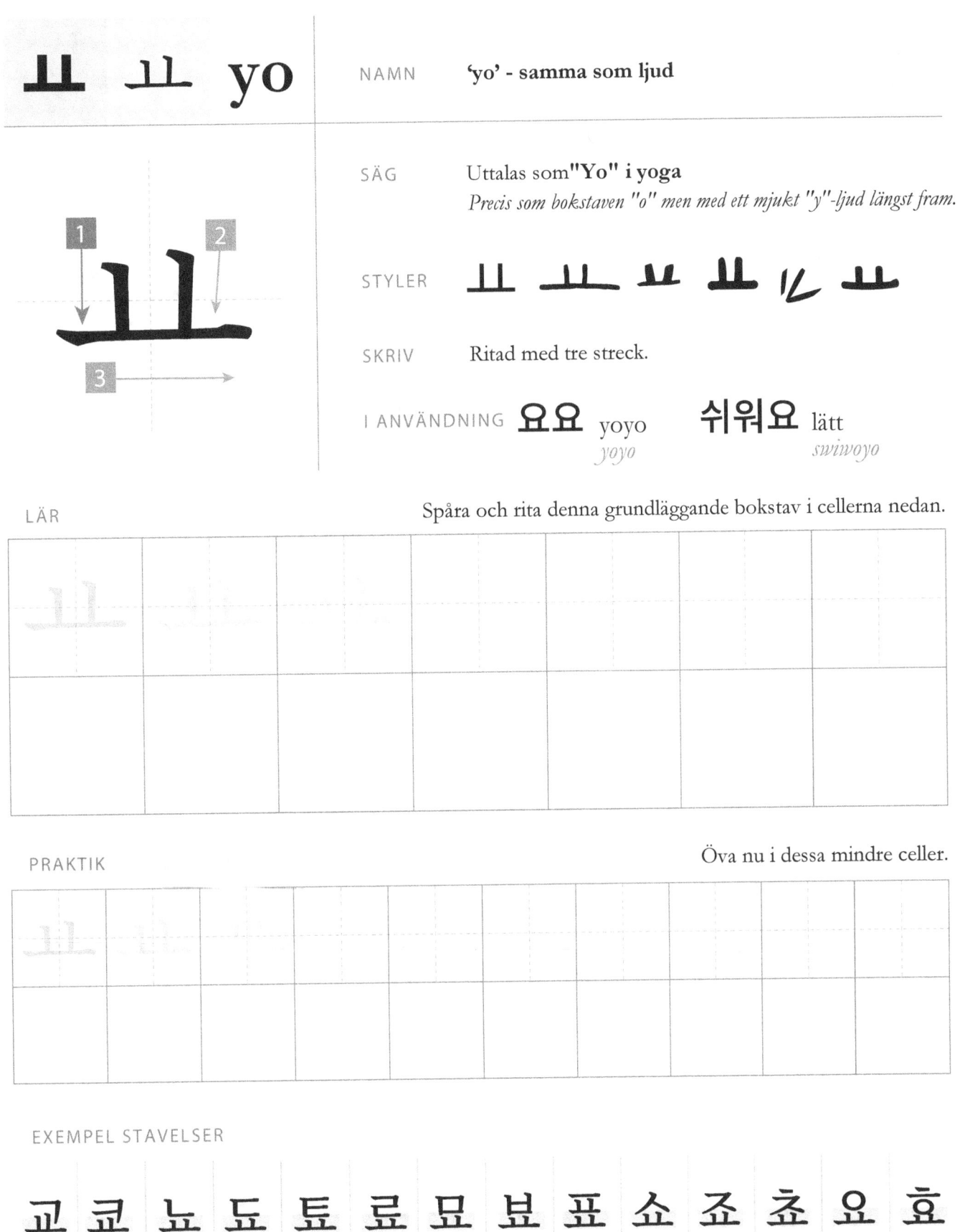

ㅛ ㅛ yo

| NAMN | 'yo' - samma som ljud |

SÄG Uttalas som**"Yo" i yoga**
Precis som bokstaven "o" men med ett mjukt "y"-ljud längst fram.

STYLER ㅛ ㅛ ㅛ ㅛ ㄴ ㅛ

SKRIV Ritad med tre streck.

I ANVÄNDNING 요요 yoyo 쉬워요 lätt
yoyo *swiwoyo*

LÄR Spåra och rita denna grundläggande bokstav i cellerna nedan.

PRAKTIK Öva nu i dessa mindre celler.

EXEMPEL STAVELSER

교	쿄	뇨	됴	툐	료	묘	뵤	표	쇼	죠	쵸	요	효
gyo	kyo	nyo	dyo	tyo	ryo	myo	byo	pyo	syo	jyo	chyo	yo	hyo

ㅜ ㅜ u

SÄG   Uttalas som   **"oo" i pool**
       Rundad läppform, öppen mun med underkäken framåt

STYLER   ㅜ ㅜ ㅜ ㅜ ㅜ ㅜ

SKRIV   Gjord med två streck.

I ANVÄNDNING **두부** **추위** kall **나무** träd
              tofu *tubu* *chuwi* *namu*

LÄR

Spåra och rita denna grundläggande bokstav i cellerna nedan.

PRAKTIK

Öva nu i dessa mindre celler.

EXEMPEL STAVELSER

구 쿠 누 두 투 루 무 부 푸 수 주 추 우 후

gu ku nu du tu ru mu bu pu su ju chu u hu

ㅠ ㅠ yu

'yu' - samma som ljud

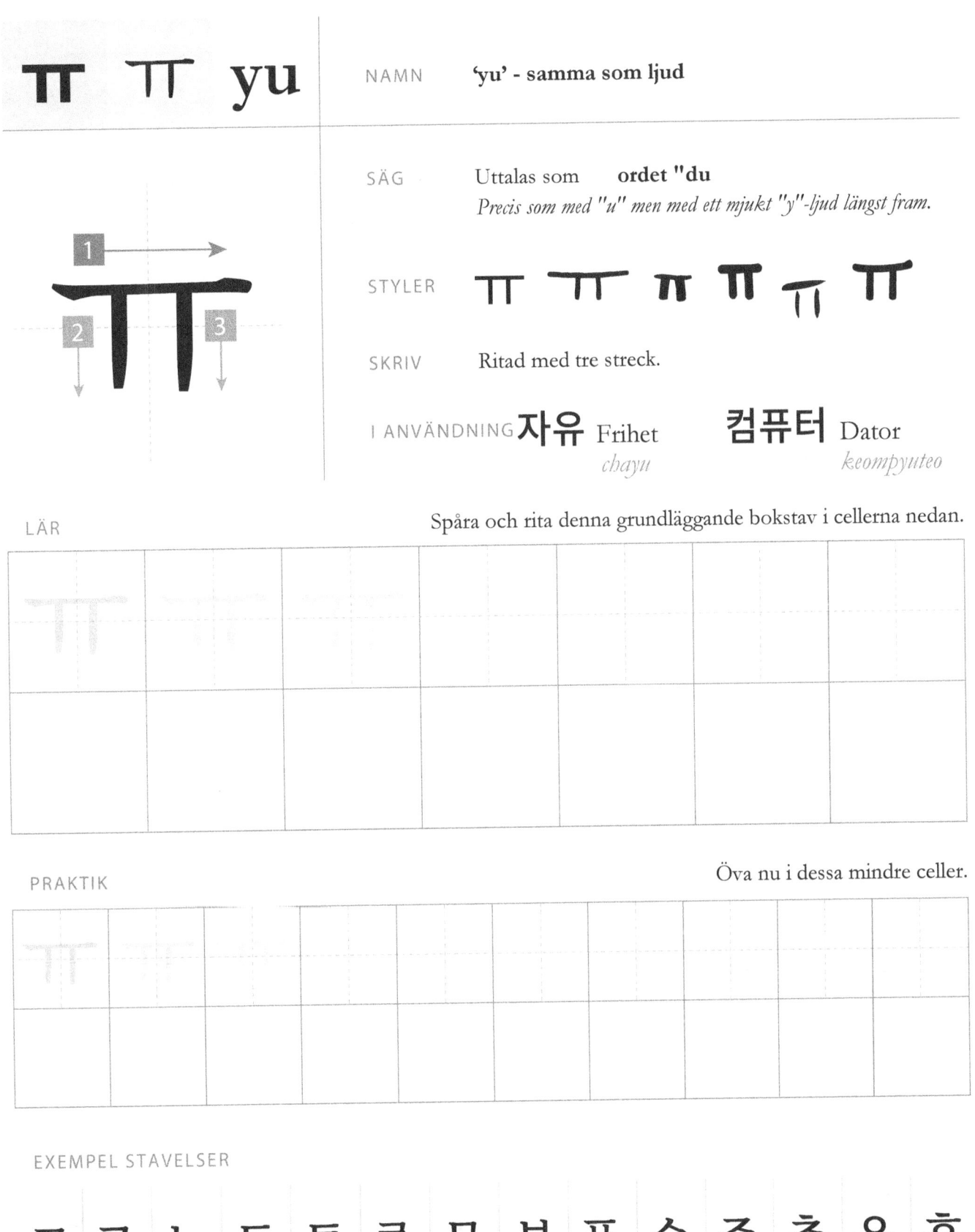

SÄG   Uttalas som   **ordet "du**
Precis som med "u" men med ett mjukt "y"-ljud längst fram.

STYLER   ㅠ ㅠ ㅠ ㅠ ㅠ ㅠ ㅠ

SKRIV   Ritad med tre streck.

I ANVÄNDNING **자유** Frihet   **컴퓨터** Dator
chayu   *keompyuteo*

LÄR

Spåra och rita denna grundläggande bokstav i cellerna nedan.

PRAKTIK

Öva nu i dessa mindre celler.

EXEMPEL STAVELSER

규	큐	뉴	듀	튜	류	뮤	뷰	퓨	슈	쥬	츄	유	휴
gyu	kyu	nyu	dyu	tyu	ryu	myu	byu	pyu	syu	jyu	chyu	yu	hyu

39

— — eu

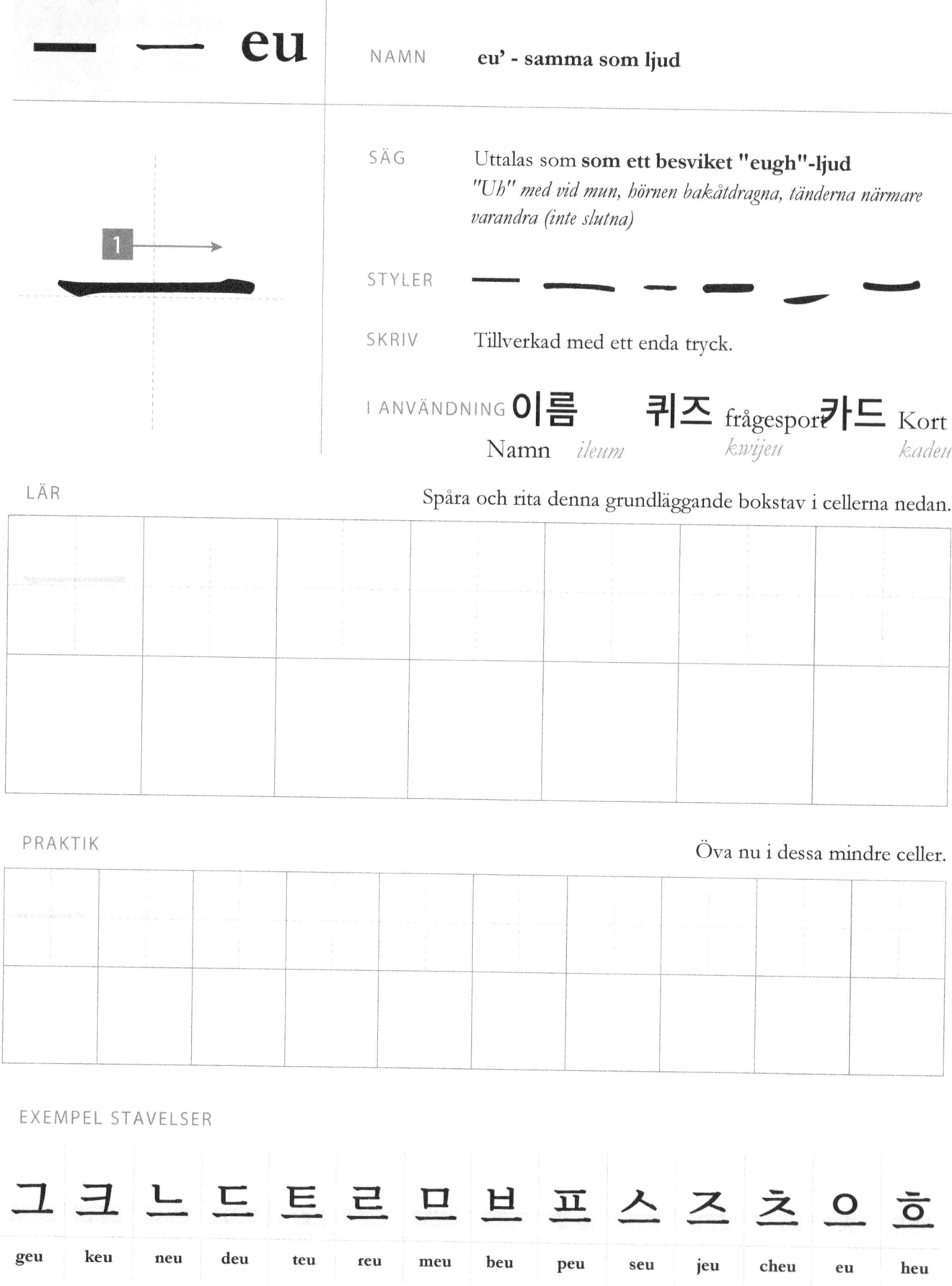

SÄG   Uttalas som **som ett besviket "eugh"-ljud**
"Uh" med vid mun, hörnen bakåtdragna, tänderna närmare varandra (inte slutna)

STYLER   — — — — — ⌒ ⌒

SKRIV   Tillverkad med ett enda tryck.

I ANVÄNDNING **이름**   **퀴즈** frågesport **카드** Kort
    Namn *ileum*   *kwijeu*   *kadeu*

LÄR

Spåra och rita denna grundläggande bokstav i cellerna nedan.

PRAKTIK

Öva nu i dessa mindre celler.

EXEMPEL STAVELSER

그	크	ㄴ	ㄷ	ㅌ	ㄹ	ㅁ	ㅂ	ㅍ	ㅅ	ㅈ	ㅊ	ㅇ	ㅎ
geu	keu	neu	deu	teu	reu	meu	beu	peu	seu	jeu	cheu	eu	heu

Del 3

GRUNDLÄGGANDE HANGUL REPETITION & ÖVNING

BORAR   Kombinera dessa konsonanter med voka 아 **아**   BESKRIV LJUDET

ㄱ								
ㅋ								
ㄴ								
ㄷ								
ㅌ								
ㄹ								

BORAR   Kombinera dessa konsonanter med voka 야 **야**   BESKRIV LJUDET

ㅁ								
ㅂ								
ㅍ								
ㅅ								
ㅈ								
ㅊ								

NOTERA: EXEMPLEN ÄR AVSEDDA SOM SKRIVÖVNINGAR OCH KANSKE INTE
ÄR VANLIGT FÖREKOMMANDE

ㄱ									
ㅋ									
ㄴ									
ㄷ									
ㅌ									
ㄹ									

ㅁ									
ㅂ									
ㅍ									
ㅅ									
ㅈ									
ㅊ									

(Se Referensdiagram - sidan 123)

BORAR	Kombinera dessa konsonanter med voka 이 이								BESKRIV LJUDET
ㄱ									
ㅋ									
ㄴ									
ㄷ									
ㅌ									
ㄹ									

BORAR	Kombinera dessa konsonanter med voka ㅡ 으								BESKRIV LJUDET
ㅁ									
ㅂ									
ㅍ									
ㅅ									
ㅈ									
ㅊ									

NOTERA: EXEMPLEN ÄR AVSEDDA SOM SKRIVÖVNINGAR OCH KANSKE INTE ÄR VANLIGT FÖREKOMMANDE

Kombinera dessa konsonanter med voka ㅗ ㅛ

ㄱ								
ㅋ								
ㄴ								
ㄷ								
ㅌ								
ㄹ								

Kombinera dessa konsonanter med voka ㅛ ㅛ

ㅁ								
ㅂ								
ㅍ								
ㅅ								
ㅈ								
ㅊ								

(Se Referensdiagram - sidan 123)

Kombinera dessa konsonanter med voka 우 우

ㄱ								
ㅋ								
ㄴ								
ㄷ								
ㅌ								
ㄹ								

Kombinera dessa konsonanter med voka 유 유

ㅁ								
ㅂ								
ㅍ								
ㅅ								
ㅈ								
ㅊ								

NOTERA: EXEMPLEN ÄR AVSEDDA SOM SKRIVÖVNINGAR OCH KANSKE INTE ÄR VANLIGT FÖREKOMMANDE

Kombinera dessa konsonanter med voka 오 요

ㄱ								
ㅋ								
ㄴ								
ㄷ								
ㅌ								
ㄹ								

BORAR Kombinera dessa konsonanter med voka 우 유 BESKRIV LJUDET

ㅁ								
ㅂ								
ㅍ								
ㅅ								
ㅈ								
ㅊ								

(Se Referensdiagram - sidan 123)

Låt oss sätta ditt minne på prov!

1 Denna bokstav låter som ____?

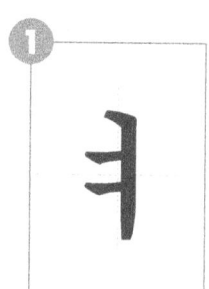

A. "yu" i yum

B. ljudet "a" i apelsin

C. "o" i sova

D. "gå" i gård

6 Hur många streck krävs för att rita den här figuren?

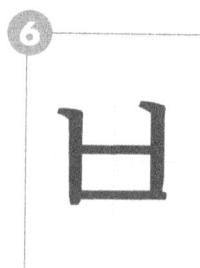

Kan du rita ordern på bilden?

A. **2**   B. **4**

C. **3**   D. **5**

2 ____ uttalas som "p" i pizza?

A. ㅜ   B. ㅛ

C. ㅛ   D. ㅂ

7 ____ uttalas som "o" i sova?

A. ㅜ   B. ㅡ

C. ㅣ   D. ㅗ

3 Vilken av dessa konsonanter använder vi som en stum platshållare för varje vokal?

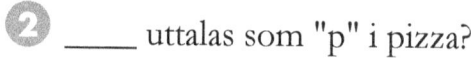

A.   B.   C.   D.

8 Vilka av dessa stavelseblock är felaktiga?

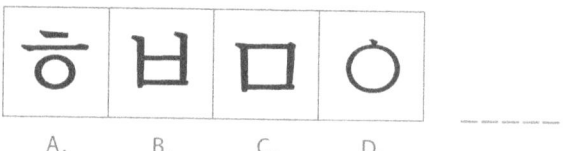

4 ____ uttalas som "j" i juice?

A. ㅅ   B. ㅊ

C. ㅈ   D. ㅎ

9 ____ uttalas som "d" i ordet dörr?

A. ㅋ   B. ㄷ

C. ㄴ   D. ㅌ

5 Hur många streck krävs för att rita den här figuren?

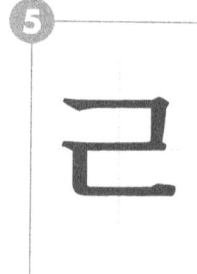

Kan du rita ordern på bilden?

A. **2**   B. **4**

C. **3**   D. **5**

10 Denna bokstav låter som ____?

A. "k" i drake

B. "ch" i chatt

C. "k" i kaka

D. "g" i tuggummi

(Se Svar - sidan 128)

Del 4

COMPUND HANGUL BREV

KOMBINATIONSBOKSTÄVER

Det finns ytterligare 16 bokstäver att lära sig efter den grundläggande Hangul och de kallas ofta sammansatta bokstäver - men de är inte så komplicerade som de låter. I själva verket består de helt enkelt av kombinationer av de bokstäver som du redan nu kan läsa och skriva!

DUBBLA KONSONANTER

Denna uppsättning brev är relativt liten - det finns bara **5 Dubbelkonsonanter med "tensed** att lära sig, och de är helt enkelt två av samma bokstäver tillsammans! Var och en av dem kan användas som inledande konsonant, men bara ㄲ och ㅆ kan vara batchim *(vi kommer att titta på detta senare).*

Uttal är som enbokstavsversionerna, förutom att du spänner munnen när du säger dem - *därav namnet!*

Genom att ta en kort paus när du ska uttala en bokstav bygger du naturligt upp den där lilla extra kraften bakom den bokstav som följer. Här är en snabb övning som hjälper dig att förstå **"spänd"**låter bättre:

Säg ordet "topp" och säg sedan ordet "stopp" efteråt. Upprepa och var särskilt uppmärksam på "-t"-ljuden. Kan du känna och höra någon skillnad mellan de två?

När de paras ihop på detta sätt räknas de dubbla konsonanterna som en enda bokstav när vi skriver dem. Som sådana är utrymmet de upptar i en stavelse detsamma som alla andra enskilda bokstäver. Låt oss nu kontrollera hur dubbelkonsonanter ser ut i stavelselayouterna nedan:

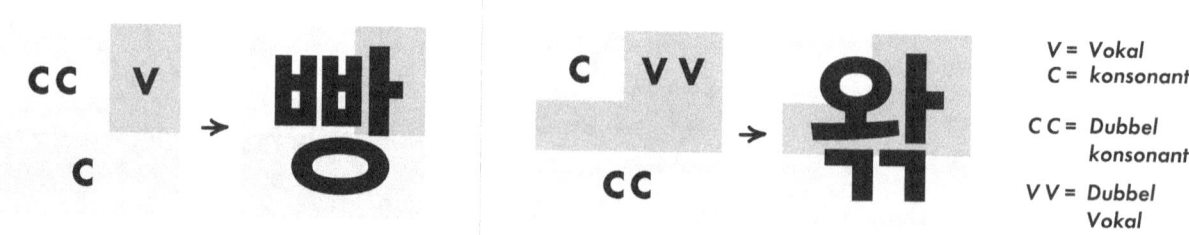

V = Vokal
C = konsonant

C C = Dubbel konsonant

V V = Dubbel Vokal

50

DUBBLA VOKALER

Dessa sammansatta vokaler, eller **diftonger**, består av två grundläggande vokaler. De ljud som enskilda bokstäver representerar sätts samman till ett nytt ljud - vi uttalar diftongerna genom att säga de två sammanfogade vokalerna ganska snabbt, som ett jämnt ljud:

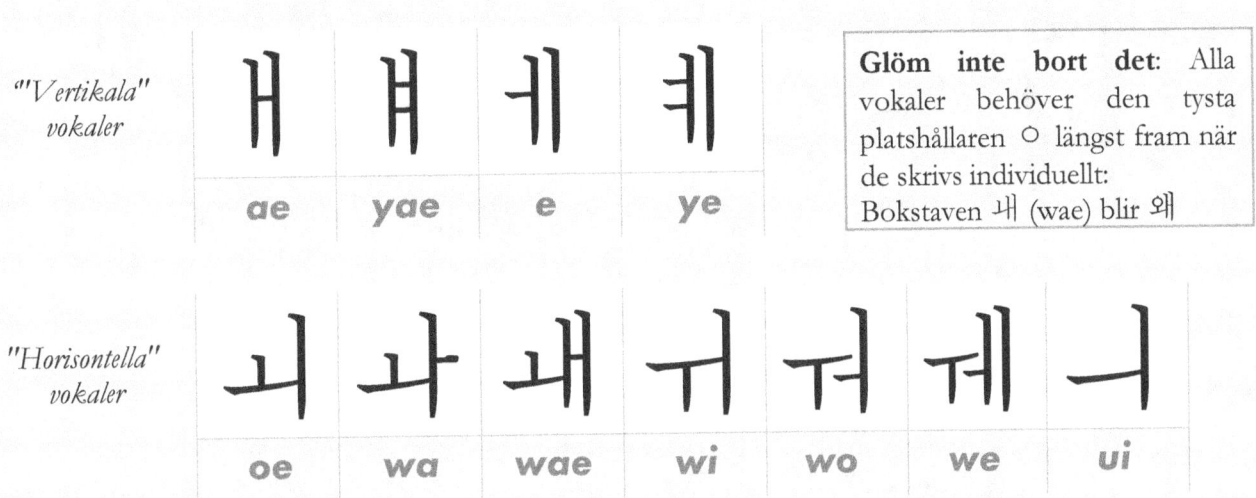

"Vertikala" vokaler

ㅐ	ㅒ	ㅔ	ㅖ
ae	yae	e	ye

> **Glöm inte bort det**: Alla vokaler behöver den tysta platshållaren ㅇ längst fram när de skrivs individuellt: Bokstaven ㅙ (wae) blir 왜

"Horisontella" vokaler

ㅚ	ㅘ	ㅙ	ㅟ	ㅝ	ㅞ	ㅢ
oe	wa	wae	wi	wo	we	ui

Stavelseblock med diftonger har också varierande layout beroende på formen på vokalerna inuti dem och antalet bokstäver de innehåller:

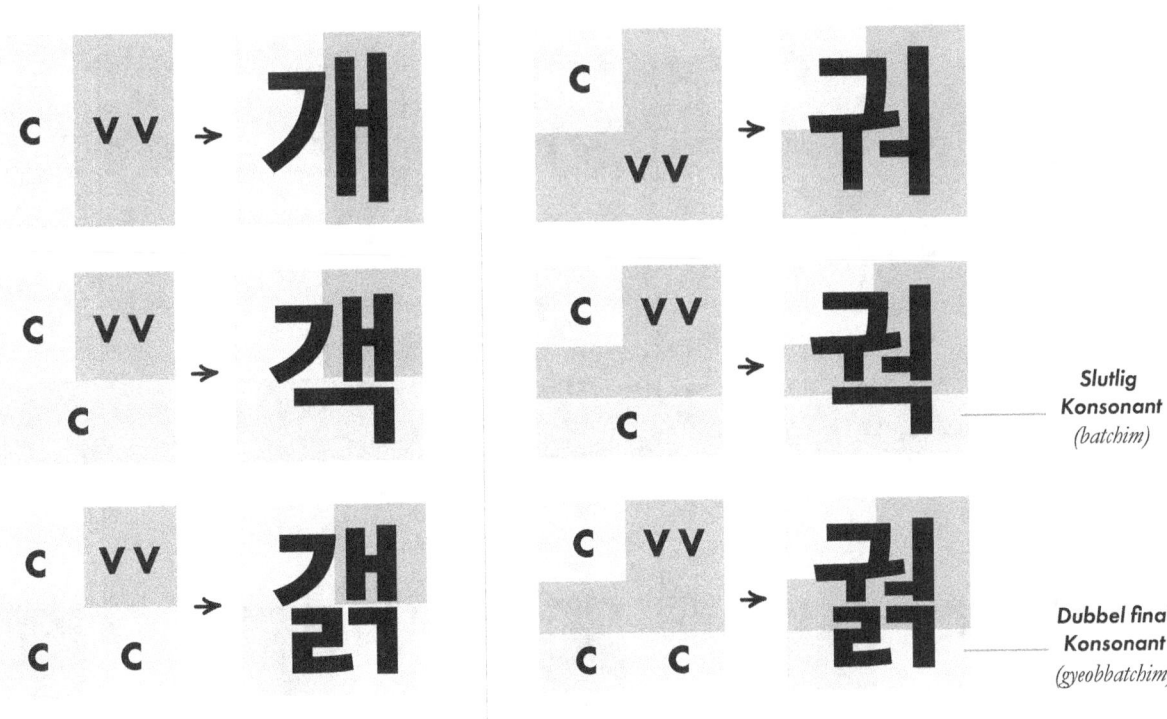

Slutlig Konsonant (batchim)

Dubbel final Konsonant (gyeobbatchim)

ㅐ ㅐ ae

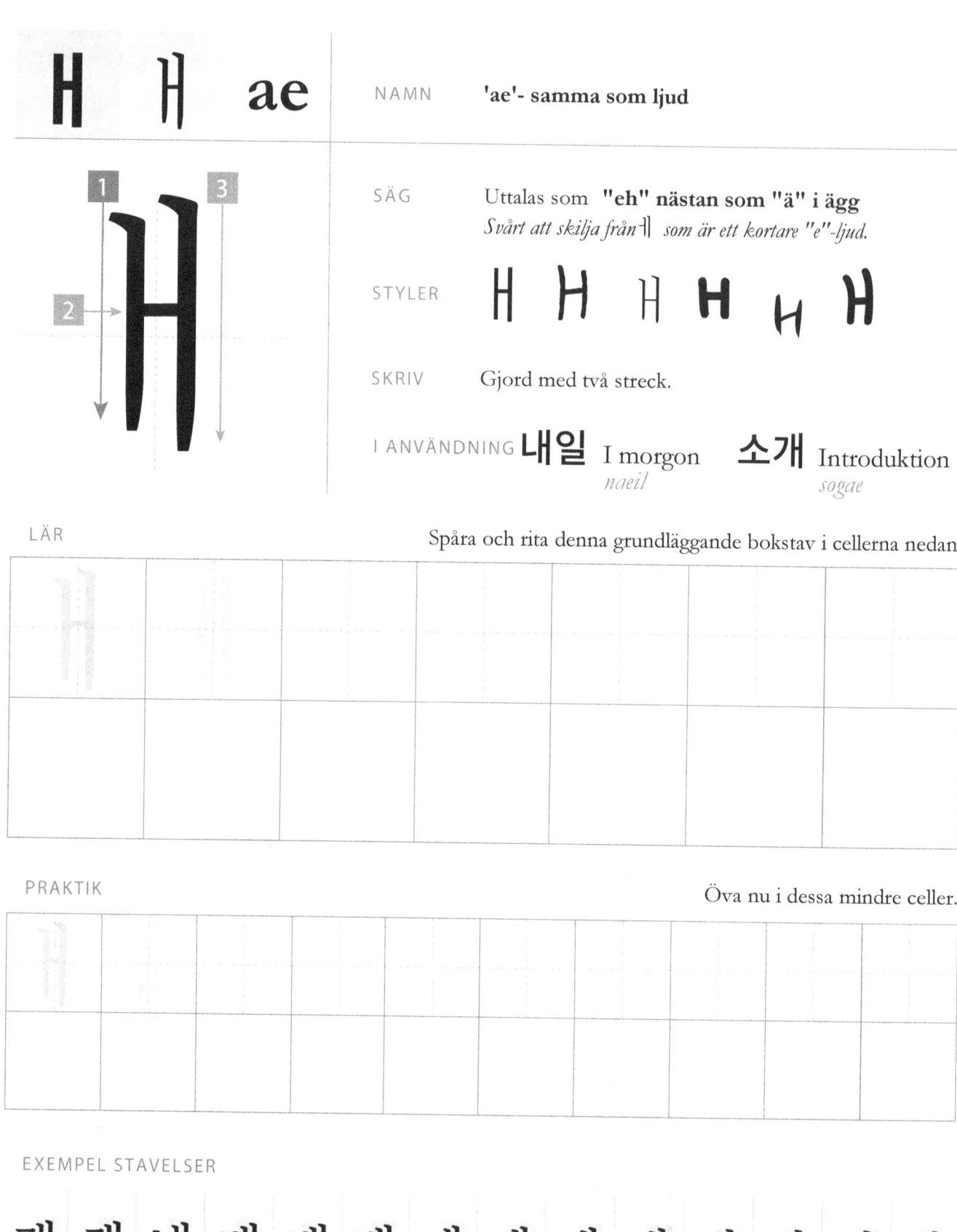

SÄG   Uttalas som   **"eh" nästan som "ä" i ägg**
Svårt att skilja från ㅔ som är ett kortare "e"-ljud.

STYLER   ㅐ ㅐ ㅐ **ㅐ** ㅐ ㅐ

SKRIV   Gjord med två streck.

I ANVÄNDNING   **내일**   I morgon   **소개**   Introduktion
naeil   *sogae*

LÄR
Spåra och rita denna grundläggande bokstav i cellerna nedan.

PRAKTIK
Öva nu i dessa mindre celler.

EXEMPEL STAVELSER

개	캐	내	대	태	래	매	배	패	새	재	채	애	해
gae	kae	nae	dae	tae	rae	mae	bae	pae	sae	jae	chae	ae	hae

ㅒ ㅒ yae

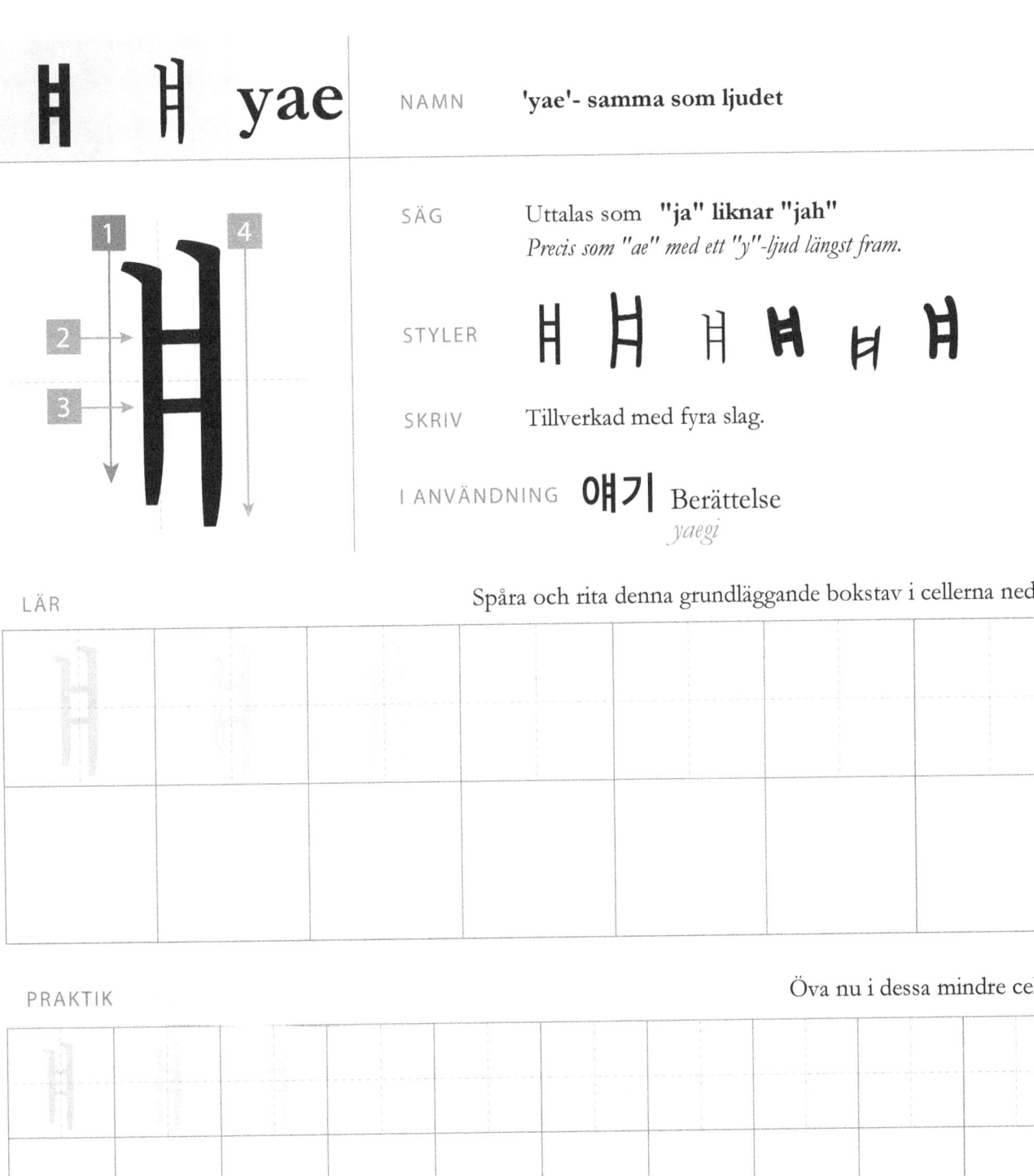

NAMN	**'yae'- samma som ljudet**
SÄG	Uttalas som **"ja" liknar "jah"** *Precis som "ae" med ett "y"-ljud längst fram.*
STYLER	ㅒ ㅒ ㅒ ㅒ ㅒ
SKRIV	Tillverkad med fyra slag.
I ANVÄNDNING	**얘기** Berättelse *yaegi*

LÄR

Spåra och rita denna grundläggande bokstav i cellerna nedan.

PRAKTIK

Öva nu i dessa mindre celler.

EXEMPEL STAVELSER

걔	컈	냬	댸	턔	럐	먜	뱨	퍠	섀	쟤	챼	얘	햬
gyae	kyae	nyae	dyae	tyae	ryae	myae	byae	pyae	syae	jyae	chyae	yae	hyae

ㅔ ㅔ e

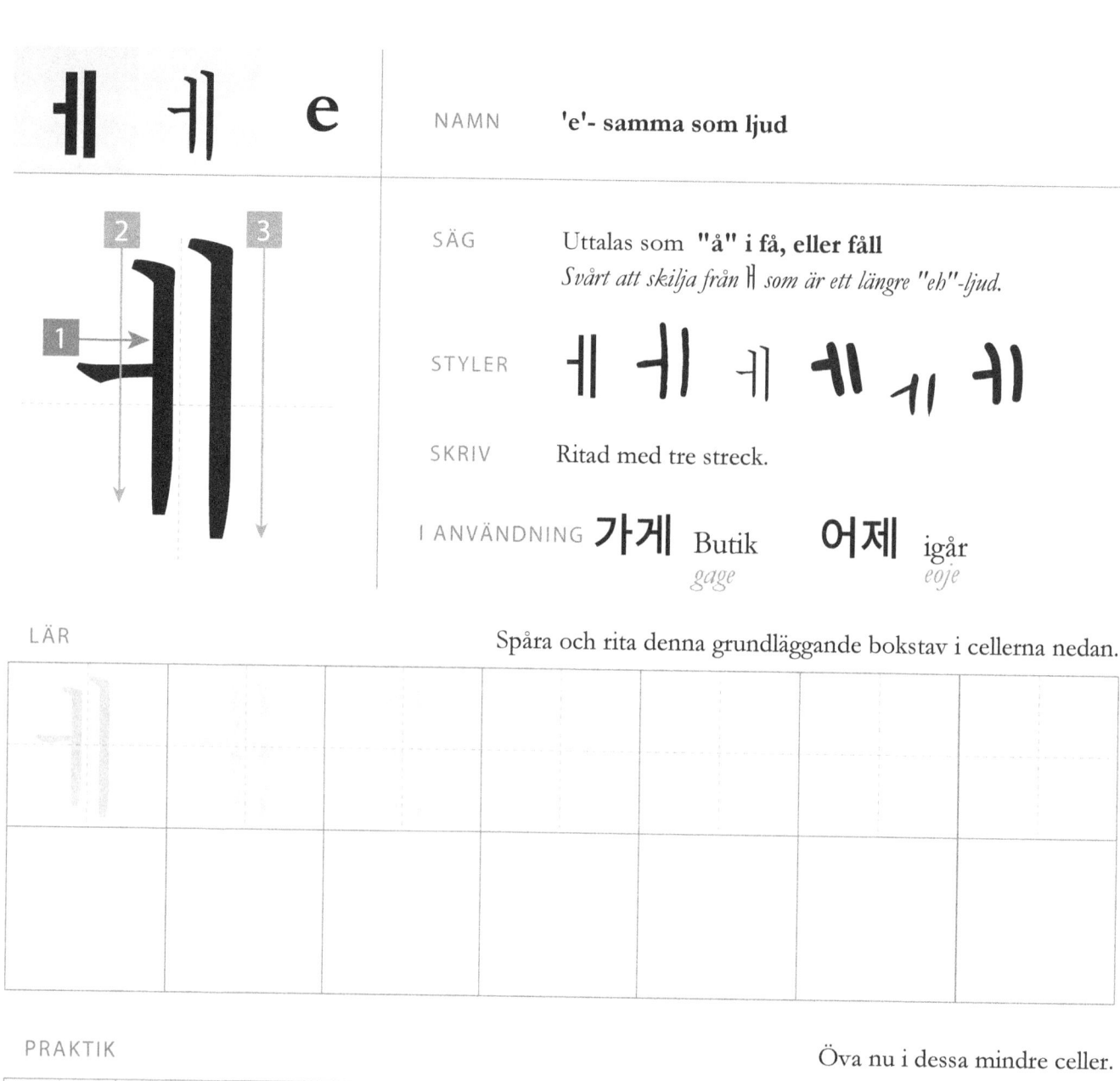

NAMN	**'e'- samma som ljud**
SÄG	Uttalas som **"å" i få, eller fåll** *Svårt att skilja från ㅐ som är ett längre "eh"-ljud.*
STYLER	ㅔ ㅔ ㅔ ㅔ ㅔ ㅔ
SKRIV	Ritad med tre streck.
I ANVÄNDNING	**가게** Butik *gage* **어제** igår *eoje*

LÄR

Spåra och rita denna grundläggande bokstav i cellerna nedan.

PRAKTIK

Öva nu i dessa mindre celler.

EXEMPEL STAVELSER

게 케 네 데 테 레 메 베 페 세 제 체 에 헤

ge ke ne de te re me be pe se je coe e he

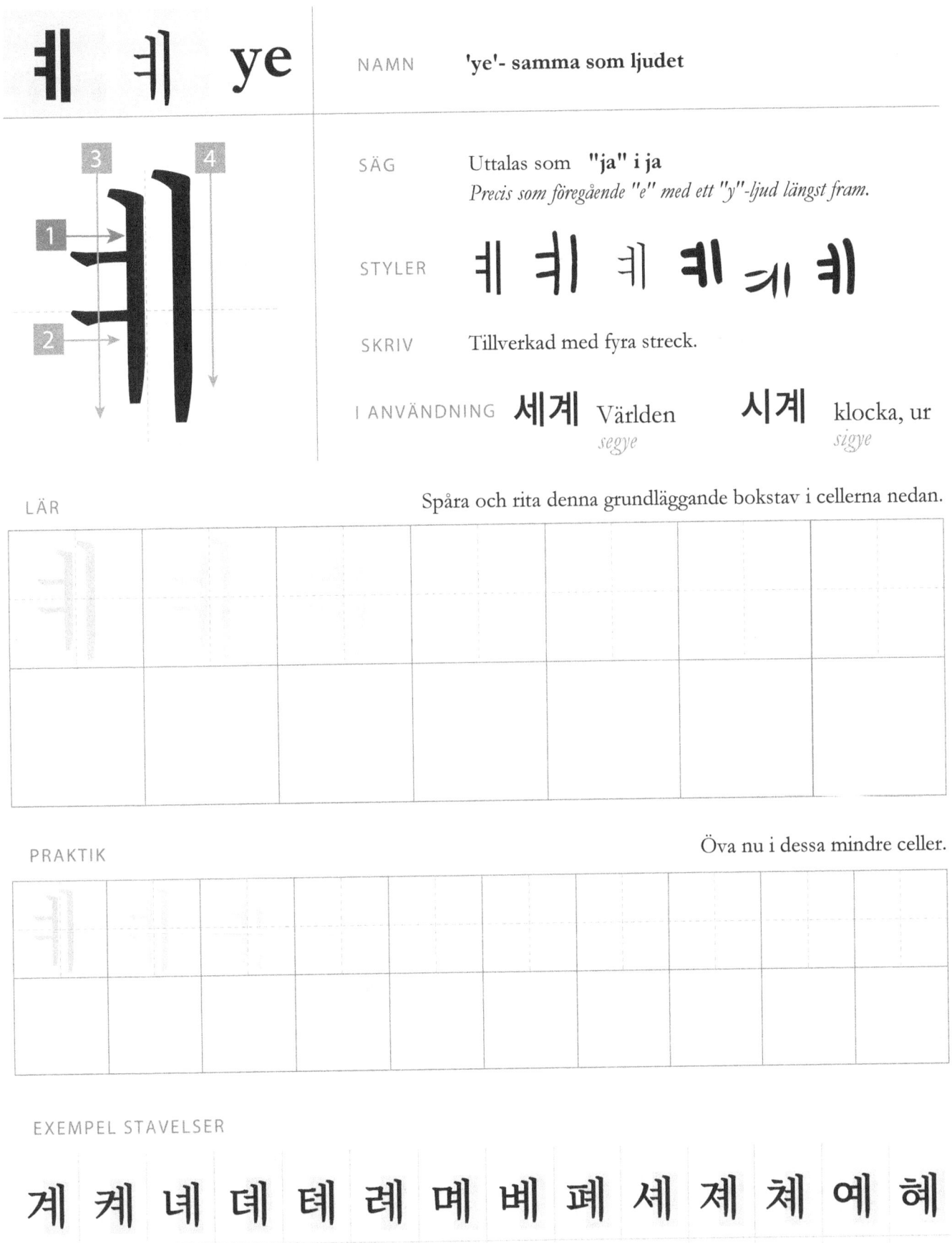

ㅖ ㅖ ye

| NAMN | 'ye'- samma som ljudet |

| SÄG | Uttalas som **"ja"** i ja |
Precis som föregående "e" med ett "y"-ljud längst fram.

| STYLER | ㅖ ㅖ ㅖ ㅖ ㅖ ㅖ |

| SKRIV | Tillverkad med fyra streck. |

| I ANVÄNDNING | 세계 Världen *segye* | 시계 klocka, ur *sigye* |

LÄR

Spåra och rita denna grundläggande bokstav i cellerna nedan.

PRAKTIK

Öva nu i dessa mindre celler.

EXEMPEL STAVELSER

계	케	녜	뎨	톄	례	몌	볘	폐	셰	졔	쳬	예	혜
gye	kye	nye	dye	tye	rye	mye	bye	pye	sye	jye	chye	ye	hye

ㅚ ㅚ oe

NAMN	'oe'- samma som ljud

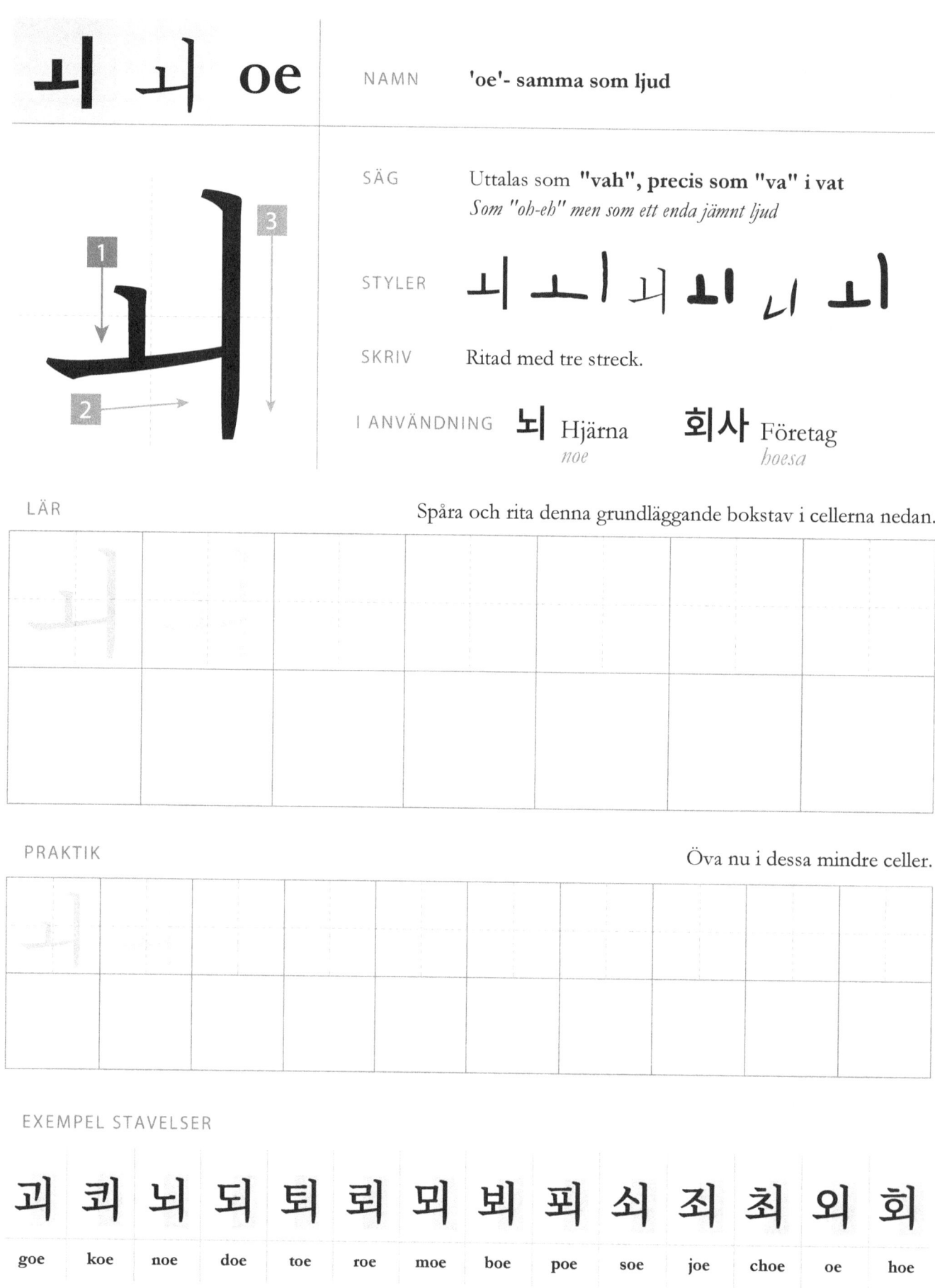

SÄG	Uttalas som **"vah"**, precis som **"va" i vat**
	Som "oh-eh" men som ett enda jämnt ljud
STYLER	ㅚ ㅚ ㅚ ㅚ ㅚ ㅚ
SKRIV	Ritad med tre streck.
I ANVÄNDNING	**뇌** Hjärna **회사** Företag
	noe *hoesa*

LÄR

Spåra och rita denna grundläggande bokstav i cellerna nedan.

PRAKTIK

Öva nu i dessa mindre celler.

EXEMPEL STAVELSER

괴	쾨	뇌	되	퇴	뢰	뫼	뵈	푀	쇠	죄	최	외	회
goe	koe	noe	doe	toe	roe	moe	boe	poe	soe	joe	choe	oe	hoe

나 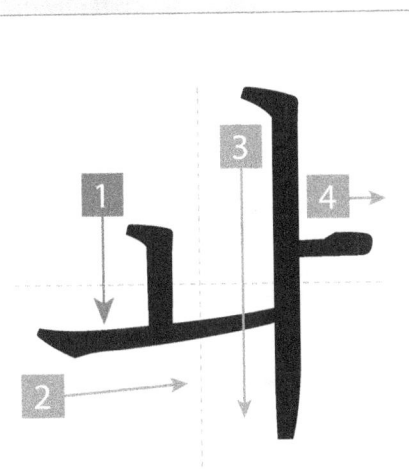 나 wa

NAMN	**'wa'- samma som ljud**

SÄG	Uttalas som **"wa" i Taiwan, med ett mjukt "w** *Påminner mycket om "oh-ah" men sägs med ett enda, jämnt ljud.*
STYLER	나 ㅗ나 나나 나 나
SKRIV	Tillverkad med fyra streck.
I ANVÄNDNING	**와!** wow! **과일** frukt **사과** äpple *wa!* *gwail* *sagwa*

LÄR

Spåra och rita denna grundläggande bokstav i cellerna nedan.

PRAKTIK

Öva nu i dessa mindre celler.

EXEMPEL STAVELSER

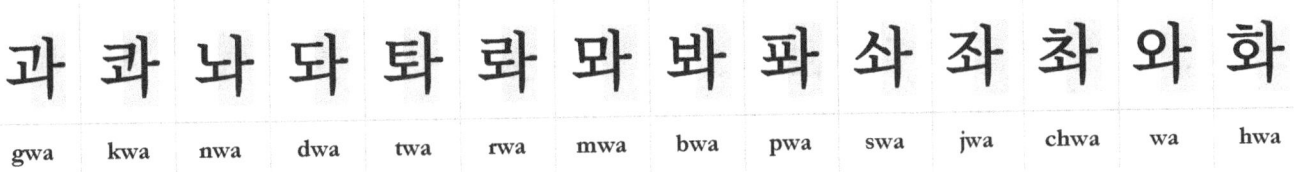

과	콰	놔	돠	톼	롸	뫄	봐	퐈	솨	좌	촤	와	화
gwa	kwa	nwa	dwa	twa	rwa	mwa	bwa	pwa	swa	jwa	chwa	wa	hwa

내 내 wae

NAMN	"wae"- samma som ljudet

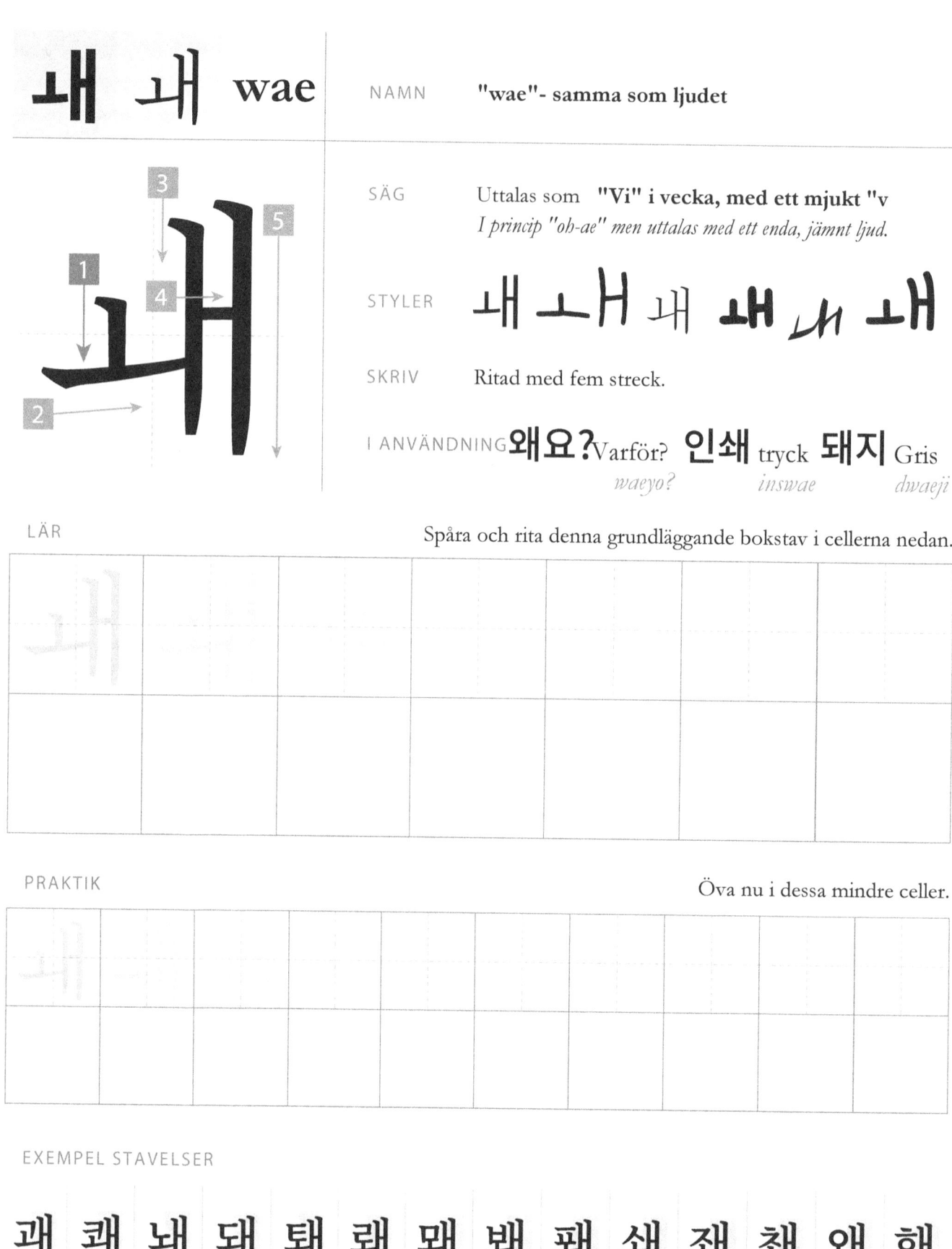

SÄG Uttalas som **"Vi" i vecka, med ett mjukt "v**
I princip "oh-ae" men uttalas med ett enda, jämnt ljud.

STYLER 내 ᅩᅢ 내 내 내 내

SKRIV Ritad med fem streck.

I ANVÄNDNING 왜요? Varför? 인쇄 tryck 돼지 Gris
waeyo?   *inswae*   *dwaeji*

LÄR

Spåra och rita denna grundläggande bokstav i cellerna nedan.

PRAKTIK

Öva nu i dessa mindre celler.

EXEMPEL STAVELSER

괘	쾌	내	돼	퇘	뢔	매	봬	퐤	쇄	좨	쵀	왜	홰
gwae	kwae	nwae	dwae	twae	rwae	mwae	bwae	pwae	swae	jwae	chwae	wae	hwae

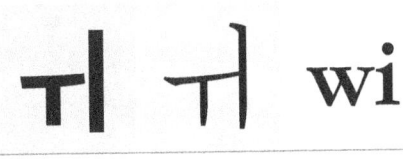 **wi**

SÄG   Uttalas som **"Vi" i vecka, med ett mjukt "w**
Låter som "oo-ee" men sägs med ett enda, jämnt ljud.

STYLER

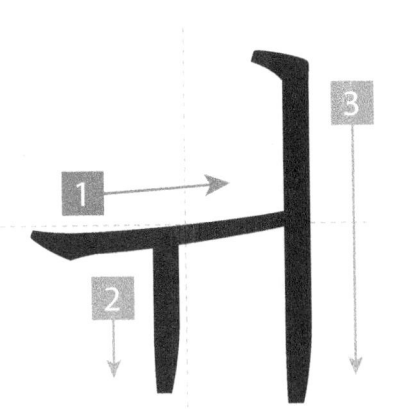

SKRIV   Tillagad med tre strykningar.

I ANVÄNDNING

키위 kiwi   바퀴 Hjul   귀걸이 örhängen
kiwi   *bakwi*   *gwigeoli*

LÄR   Spåra och rita denna grundläggande bokstav i cellerna nedan.

PRAKTIK   Öva nu i dessa mindre celler.

EXEMPEL STAVELSER

귀 퀴 뉘 뒤 튀 뤼 뮈 뷔 퓌 쉬 쥐 취 위 휘

gwi   kwi   nwi   dwi   twi   rwi   mwi   bwi   pwi   swi   jwi   chwi   wi   hwi

궈 궈 wo

NAMN	**'wo'- samma som ljud**

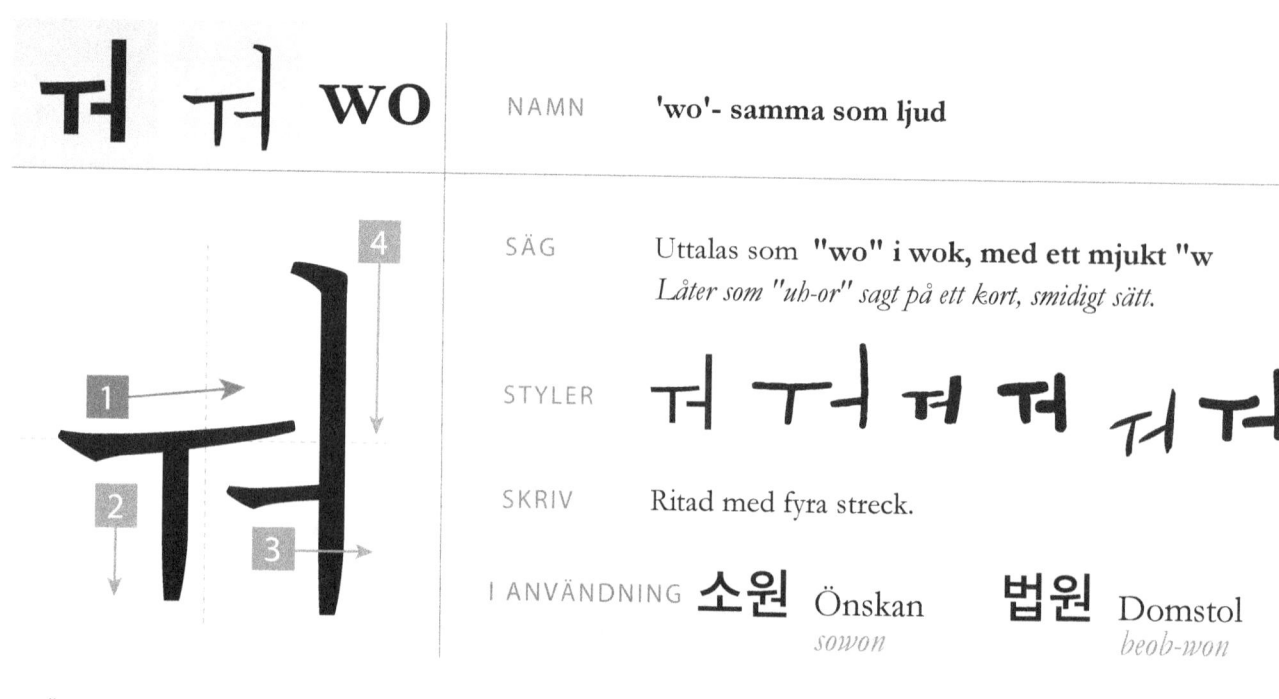

SÄG	Uttalas som **"wo" i wok, med ett mjukt "w** *Låter som "uh-or" sagt på ett kort, smidigt sätt.*
STYLER	궈 궈 궈 궈 궈 궈
SKRIV	Ritad med fyra streck.
I ANVÄNDNING	소원 Önskan *sowon* 법원 Domstol *beob-won*

LÄR

Spåra och rita denna grundläggande bokstav i cellerna nedan.

PRAKTIK

Öva nu i dessa mindre celler.

EXEMPEL STAVELSER

궈	쿼	눠	둬	퉈	뤄	뭐	붜	풔	숴	줘	춰	워	훠
gwo	kwo	nwo	dwo	two	rwo	mwo	bwo	pwo	swo	jwo	chwo	wo	hwo

뒈 뒈 we

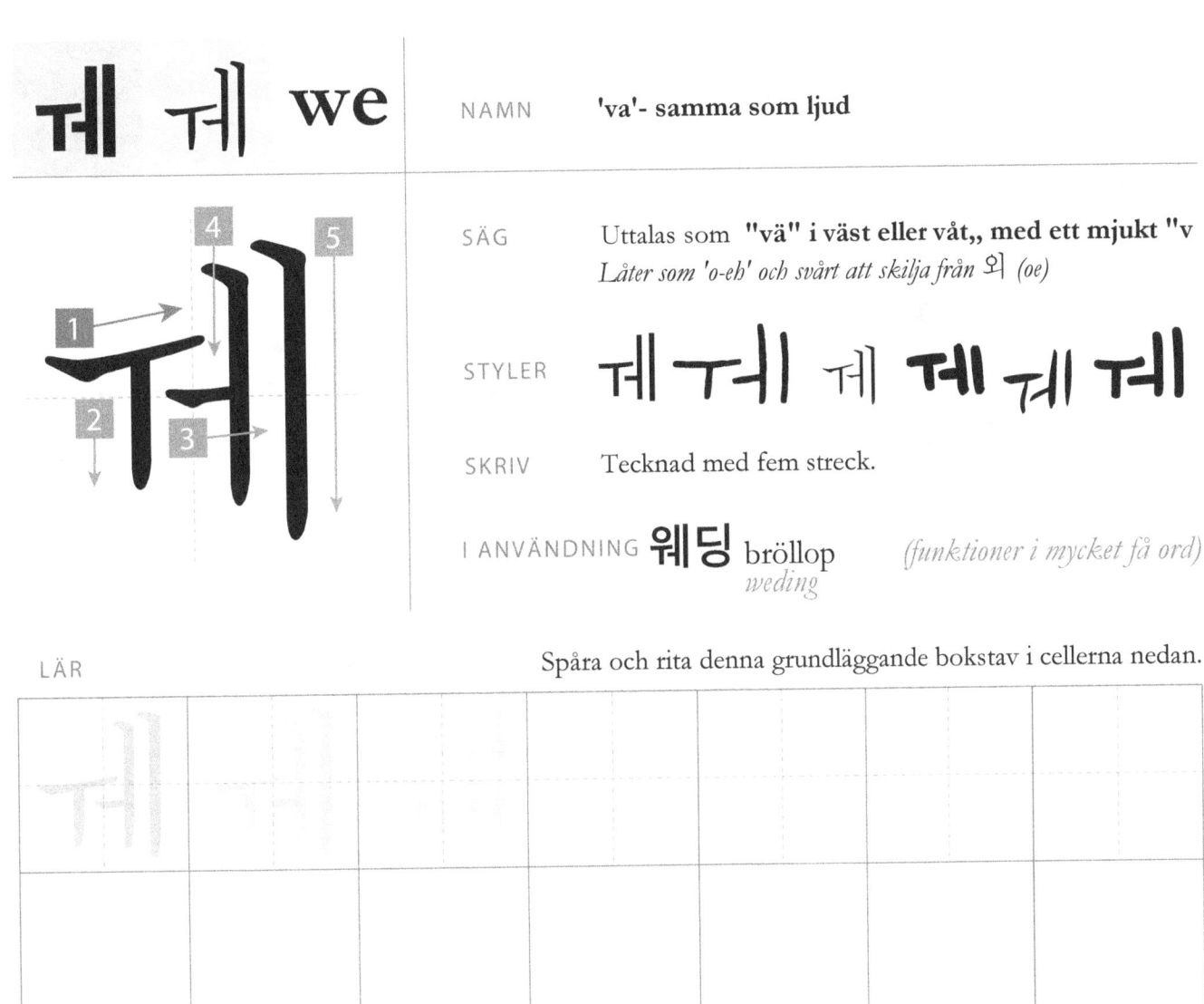

SÄG	Uttalas som **"vä" i väst eller våt,, med ett mjukt "v** *Låter som 'o-eh' och svårt att skilja från* 외 *(oe)*
STYLER	뒈 뒈 뒈 뒈 뒈 뒈
SKRIV	Tecknad med fem streck.
I ANVÄNDNING	**웨딩** bröllop *(funktioner i mycket få ord)* *weding*

LÄR

Spåra och rita denna grundläggande bokstav i cellerna nedan.

PRAKTIK

Öva nu i dessa mindre celler.

EXEMPEL STAVELSER

궤	퀘	눼	뒈	퉤	뤠	뭬	붸	풰	쉐	줴	췌	웨	훼
gwe	kwe	nwe	dwe	twe	rwe	mwe	bwe	pwe	swe	jwe	chwe	we	hwe

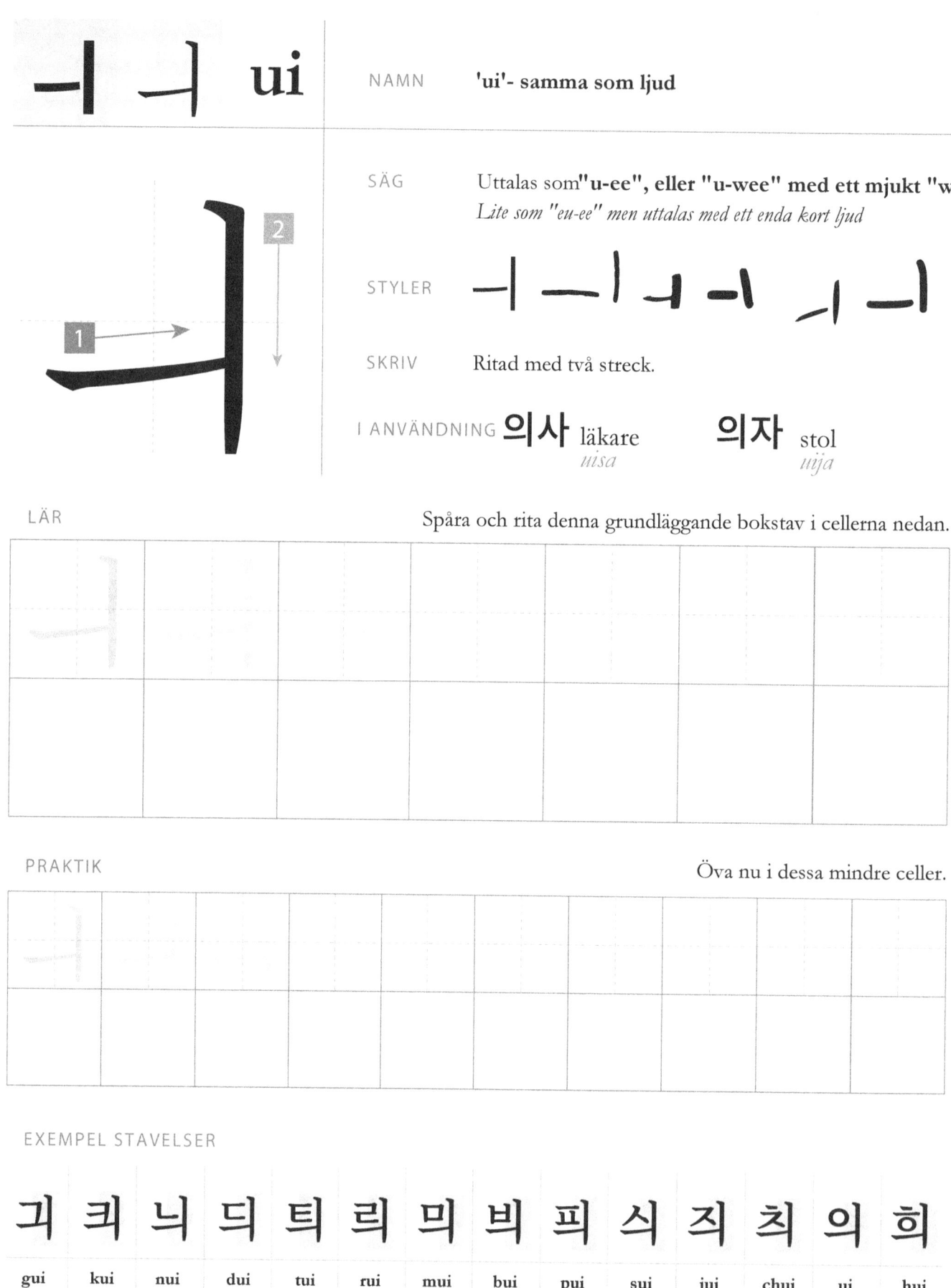

ㅢ ui

NAMN   **'ui'- samma som ljud**

SÄG   Uttalas som **"u-ee", eller "u-wee" med ett mjukt "w**
Lite som "eu-ee" men uttalas med ett enda kort ljud

STYLER   ㅢ ㅢ ㅣ ㅢ ㅢ ㅣ ㅢ

SKRIV   Ritad med två streck.

I ANVÄNDNING   **의사** läkare *uisa*   **의자** stol *uija*

LÄR

Spåra och rita denna grundläggande bokstav i cellerna nedan.

PRAKTIK

Öva nu i dessa mindre celler.

EXEMPEL STAVELSER

긔	킈	늬	듸	틔	릐	믜	븨	픠	싀	즤	츼	의	희
gui	kui	nui	dui	tui	rui	mui	bui	pui	sui	jui	chui	ui	hui

ㄲ ㄲ gg

NAMN 쌍기역   **ssang giyeok**

SÄG   Uttalas som **"guh", liknande "g" i great**
Låter som ㄱ (giyeok), men mer framtvingat och spänt.

STYLER   ㄲ ㄲ ㄲ ㄲ ㄲ ㄲ

SKRIV   Rita giyeok två gånger, med totalt två streck.

I ANVÄNDNING   낚시 Fiske   토끼 Kanin
naggsi   *toggi*

LÄR   Spåra och rita denna grundläggande bokstav i cellerna nedan.

PRAKTIK   Öva nu i dessa mindre celler.

EXEMPEL STAVELSER

까	꺄	꺼	껴	꼬	꾜	꾸	뀨	끄	끼
gga	ggya	ggeo	ggyeo	ggo	ggyo	ggu	ggyu	ggeu	ggi

ㄸ ㄸ dd

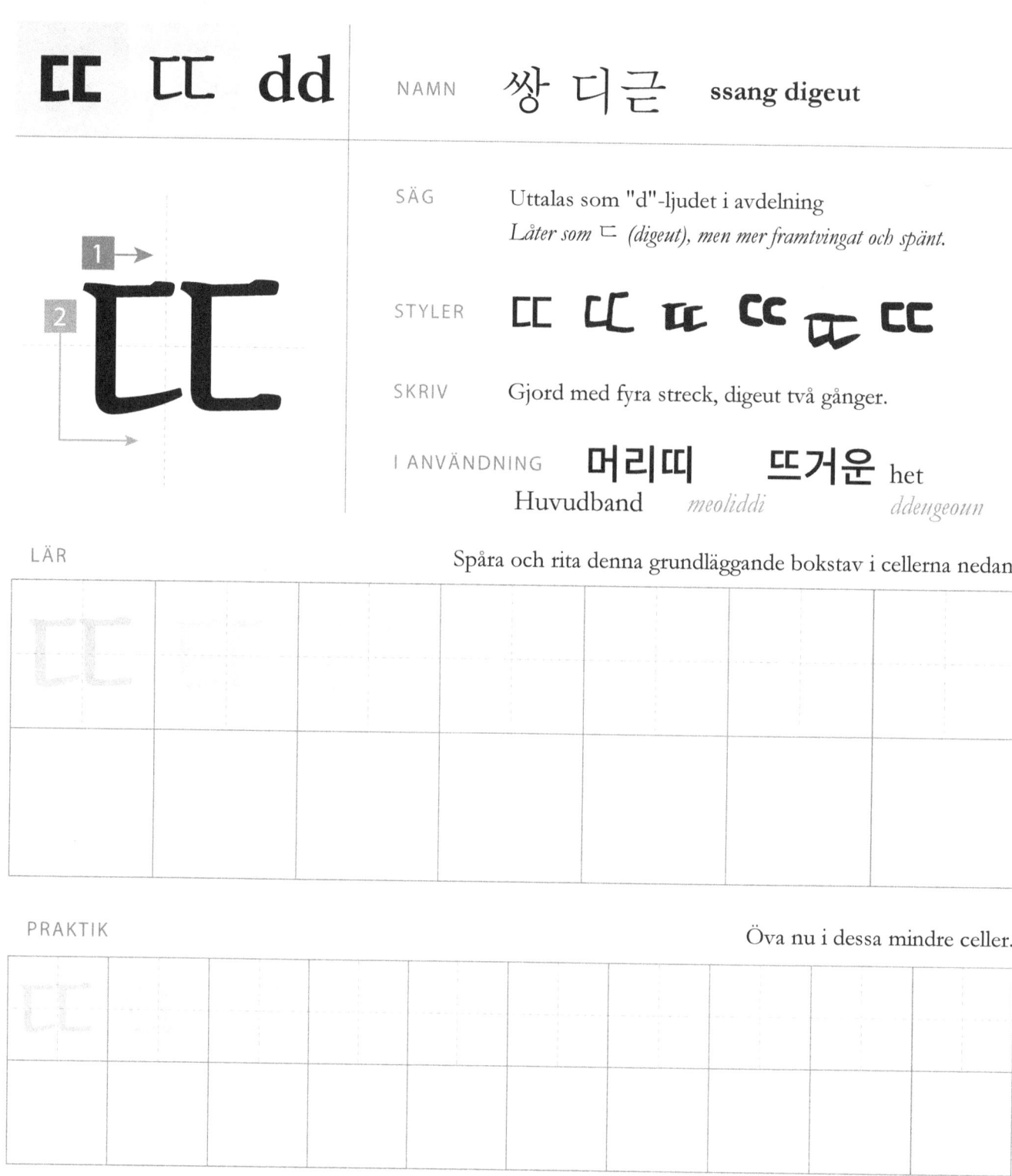

SÄG

Uttalas som "d"-ljudet i avdelning

Låter som ㄷ (digeut), men mer framtvingat och spänt.

STYLER ㄸ ㄸ ㄸ ㄸ ㄸ ㄸ

SKRIV Gjord med fyra streck, digeut två gånger.

I ANVÄNDNING 머리띠 뜨거운 het

Huvudband *meoliddi* *ddeugeoun*

LÄR Spåra och rita denna grundläggande bokstav i cellerna nedan.

PRAKTIK Öva nu i dessa mindre celler.

EXEMPEL STAVELSER

따	땨	떠	뗘	또	뚀	뚜	뜌	뜨	띠
dda	ddya	ddeo	ddyeo	ddo	ddyo	ddu	ddyu	ddeu	ddi

ㅃ ㅃ bb

쌍 비읍 ssang bieup

SÄG
Uttalas som "b" i banan.
Låter som ㅂ (bieup), men mer framtvingat och spänt.

STYLER ㅃ ㅃ ㅃ ㅃ ㅃ ㅃ

SKRIV Rita bieup två gånger, med totalt åtta streck.

I ANVÄNDNING **빵** **빠른** snabb **바쁜**
Bröd *bbang* *bbaleun* upptagen
babbeun

LÄR Spåra och rita denna grundläggande bokstav i cellerna nedan.

PRAKTIK Öva nu i dessa mindre celler.

EXEMPEL STAVELSER

빠	빠	뻐	뼈	뽀	뾰	뿌	쀼	쁘	삐
bba	bba	bbeo	bbyeo	bbo	bbyo	bbu	bbyu	bbeu	bbi

ㅆ 从 SS

NAMN	쌍 시옷　**ssang siot**

SÄG　Uttalas som ett "s-"-sound, med force i början.
Låter som ㅅ (siot) men med spänd form.

STYLER　

SKRIV　Skriv siot två gånger, med fyra streck totalt.

I ANVÄNDNING　비싼 Dyra
bissan　　　　싼 Billig
ssan

LÄR

Spåra och rita denna grundläggande bokstav i cellerna nedan.

PRAKTIK

Öva nu i dessa mindre celler.

EXEMPEL STAVELSER

싸	쌰	써	쎠	쏘	쑈	쑤	쓔	쓰	씨
ssa	ssya	sseo	ssyeo	sso	ssyo	ssu	ssyu	sseu	ssi

ㅉ ㅉ jj

NAMN 쌍 지읒 ssang jieut

SÄG Uttalas som "j" i jobb, med force i början
Låter liknande som ㅈ (jieut), men mer spänt.

STYLER ㅉ ㅉ ㅉ ㅉ ㅉ ㅉ

SKRIV Rita jieut två gånger, med totalt fyra streck.

I ANVÄNDNING 찌개 gryta eller soppa 짜다 salt
jjigae *jjada*

LÄR

Spåra och rita denna grundläggande bokstav i cellerna nedan.

PRAKTIK

Öva nu i dessa mindre celler.

EXEMPEL STAVELSER

짜	쨔	쩌	쪄	쪼	쬬	쭈	쮸	쯔	찌
jja	jjya	jjeo	jjyeo	jjo	jjyo	jju	jjyu	jjeu	jji

Kombinera dessa konsonanter med voka 애 **애**

ㄱ									
ㅋ									
ㄴ									
ㄷ									
ㅌ									
ㄹ									

Kombinera dessa konsonanter med voka 애 **애**

ㅁ									
ㅂ									
ㅍ									
ㅅ									
ㅈ									
ㅊ									

NOTERA: EXEMPLEN ÄR AVSEDDA SOM SKRIVÖVNINGAR OCH KANSKE INTE
ÄR VANLIGT FÖREKOMMANDE

Kombinera dessa konsonanter med voka 에 예

ㄱ									
ㅋ									
ㄴ									
ㄷ									
ㅌ									
ㄹ									

Kombinera dessa konsonanter med voka 예 예

ㅁ									
ㅂ									
ㅍ									
ㅅ									
ㅈ									
ㅊ									

(Se Referensdiagram - sidan 123)

Kombinera dessa konsonanter med voka 외 **외**

ㄱ								
ㅋ								
ㄴ								
ㄷ								
ㅌ								
ㄹ								

Kombinera dessa konsonanter med voka 와 **와**

ㅁ								
ㅂ								
ㅍ								
ㅅ								
ㅈ								
ㅊ								

NOTERA: EXEMPLEN ÄR AVSEDDA SOM SKRIVÖVNINGAR OCH KANSKE INTE
ÄR VANLIGT FÖREKOMMANDE

BORAR	Kombinera dessa konsonanter med voka 왜 왜								BESKRIV LJUDET
ㄱ									
ㅋ									
ㄴ									
ㄷ									
ㅌ									
ㄹ									

BORAR	Kombinera dessa konsonanter med voka 위 위								BESKRIV LJUDET
ㅁ									
ㅂ									
ㅍ									
ㅅ									
ㅈ									
ㅊ									

(Se Referensdiagram - sidan 123)

Kombinera dessa konsonanter med voka 워 워

ㄱ									
ㅋ									
ㄴ									
ㄷ									
ㅌ									
ㄹ									

Kombinera dessa konsonanter med voka 웨 웨

ㅁ									
ㅂ									
ㅍ									
ㅅ									
ㅈ									
ㅊ									

NOTERA: EXEMPLEN ÄR AVSEDDA SOM SKRIVÖVNINGAR OCH KANSKE INTE ÄR VANLIGT FÖREKOMMANDE

Kombinera dessa konsonanter med voka 의 **의**

ㄱ								
ㅋ								
ㄴ								
ㄷ								
ㅌ								
ㄹ								

Kombinera vokalerna nedan med en initial ㄲ **ㄲ**

야								
요								
오								
이								
유								
어								

(Se Referensdiagram - sidan 123)

Kombinera vokalerna nedan med en initial ㄸ **ㄸ**

아								
우								
으								
여								
애								
왜								

Kombinera vokalerna nedan med en initial ㅃ **ㅃ**

외								
애								
위								
예								
여								
유								

NOTERA: EXEMPLEN ÄR AVSEDDA SOM SKRIVÖVNINGAR OCH KANSKE INTE
ÄR VANLIGT FÖREKOMMANDE

Kombinera vokalerna nedan med en initial 从 **从**

야								
요								
오								
이								
유								
어								

BORAR Kombinera vokalerna nedan med en initial 及 **及**

BESKRIV LJUDET

위								
야								
유								
왜								
여								
의								

(Se Referensdiagram - sidan 123)

Låt oss sätta ditt minne på prov!

1

Denna bokstav låter som
_____?
A. "å" i fåll
B. "wo" i wok
C. "ja" i ja
D. "ni" i ja

6

Hur många streck krävs för att rita den här figuren?
Kan du rita ordern på bilden?

A. **6**   B. **8**
C. **10**   D. **12**

2 Hur många diftonger finns det i Hangul?

A. **10**   B. **11**
C. **12**   D. **13**

7 _____ uttalas som ett "ae"-ljud?

A. ㅖ   B. ㅒ
C. ㅐ   D. ㅔ

3 Vilka av dessa stavelseblock är fel?

8 Vilken av dessa bokstäver med dubbel konsonant låter som "b" i bananer?

ㄸ ㄲ ㅉ ㅃ

A.   B.   C.   D.

4 Välj rätt stavning för kiwifrukt:

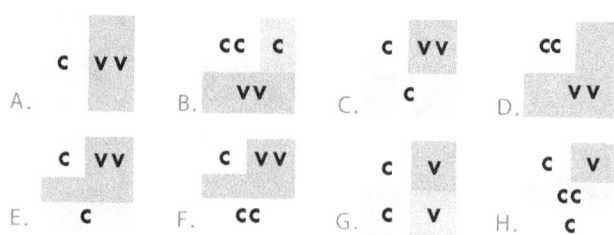

A. 그외   B. 지위
C. 키위   D. 끼외

9 Kan du räkna ut vad en 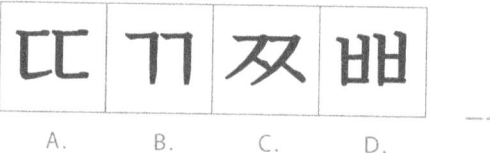 är?

A. **Komiker**   B. **Tröstare**
C. **dator**   D. **Företag**

5

Denna bokstav låter som
_____?
A. "Ve" i vecka
B. "vä" i väst
C. "wo" i wok
D. "vä" i vänta

10

Kan du skriva hangeul?

(Se Svar - sidan 128)

Del 5

KOMPLEXA OCH SLUTLIGA KONSONANTER
받침

"SLUTLIGA" KONSONANTER

Vi berörde kort 받침 batchim (slutkonsonanter) tidigare när vi tittade på hur vi bygger upp stavelser. De är helt enkelt konsonanter som har ett alternativt uttal när de står längst ner i en stavelse. Alla stavelser som har minst 3 bokstäver kan ha 받침 och de kan vara antingen enkla eller dubbla bokstäver.

받침 är en egenskap som är unik för det koreanska språket och är därför svåra att förklara helt på svenska, så det är ingen överraskning att de ofta är ett av de svårare begreppen för nybörjare att förstå. Vi kommer att försöka förenkla saker och ting i detta kapitel.

BATCHIM & GYEOBBATCHIM

Enstaka 받침 ser ut precis som vanliga konsonanter men har ett annat uttal. Två konsonanter som upptar det nedersta utrymmet i en stavelse kallas gyeobbatchim 겹받침 *(dubbla slutkonsonanter).*

Slutlig konsonant *(batchim)*

겹받침 är **11 nya kombinationskonsonanter** att lära sig, gjorda med grundbokstäverna igen: ㄳ ㄵ ㄶ ㄺ ㄻ ㄼ ㄽ ㄾ ㄿ ㅀ och ㅄ. Till skillnad från de dubbla "matchande" konsonanterna som vi lärde oss om tidigare, används dessa bokstäver endast i slutet av en stavelse och aldrig någon annanstans

Dubbel slutkonsonant *(gyeobbatchim)*

> *För att hålla saker enkla är det enklaste sättet att förklara* 받침 *att de är uttalas på ett av sju sätt - med hjälp av ljuden som associeras med sju av de av de grundläggande Hangul-konsonanterna:* ㄱ ㄴ ㄷ ㄹ ㅁ ㅂ *och* ㅇ *(se diagrammet på sidan 99).*

IMPORTANT TIP!

Hur vi uttalar de sista vokalljuden kräver extra uppmärksamhet och övning. På Svenska markerar vi ofta vokaler som "-p" i "stopp", med en tydlig accent på ljudet, i slutet av ett ord. Accenten försvinner dock på ett annat sätt på franska - öva på att justera din accent för att få ett mer korrekt Franskt uttal.

De komplexa konsonanterna i 곁받침 innehåller två bokstäver men vi uttalar vanligtvis bara en av dem - det beror på om stavelsen är kopplad till en annan eller inte, och om den nästa stavelsen börjar med en vokal eller konsonant.

När ett ord avslutas eller följs av en stavelse som börjar med en konsonant uttalas endast det första ljudet för bokstäverna ㄳ ㄵ ㄶ ㄼ ㄽ ㄾ ㅀ och ㅄ. För de återstående bokstäverna ㄺ ㄻ och ㄿ tar vi istället bara det andra ljudet. Det blir lättare att komma ihåg de tre som vi uttalar den andra konsonanten för, istället för att memorera dem alla!

En annan regel gäller för alla enkla och dubbla 받침 som följs av en angränsande, initial vokal. Ljuden börjar överföras från en stavelse till nästa, vilket skapar jämnare ljud och underlättar uttalet. *Oroa dig inte - vi kommer att lära oss mer om detta senare!*

Detta är den allra sista gruppen av bokstäver som vi behöver lära oss:

ㄲ ㄳ k	SÄG	Uttala den första bokstaven med det slutliga ㄱ ljudet
	STYLER	ㄳ ㄳ ㄳ ㄳ ㄳ ㄳ
ㄳ	SKRIV	Rita **giyeok + siot** med totalt 3 streck.
	I ANVÄNDNING	삯 lön, avgift 몫 andel, portion
		sags *mogs*

PRAKTIK   Spåra och rita denna grundläggande bokstav i cellerna nedan.

ㄵ ㄵ n

Uttala den första bokstaven med det sista ㄴ ljudet

ㄵ

STYLER ㄵ ㄴㅈ ㄵ ㄴㅈ ㄴㅈ ㄴㅈ

SKRIV Rita **nieun + jieut** med totalt 4 streck.

I ANVÄNDNING 앉다 att sitta   앉으세요 var snäll och
anjda   sitt ner
anjeuseyo

PRAKTIK
Spåra och rita denna grundläggande bokstav i cellerna nedan.

ㄶ ㄶ n

SÄG Uttala den första bokstaven med det sista ㄴ ljudet

ㄶ

STYLER ㄶ ㄴㅎ ㄶ ㄶ ㄴㅎ ㄴㅎ

SKRIV Rita **nieun + hieut** med totalt 4 dragningar.

I ANVÄNDNING 많다 många
manhda

PRAKTIK
Spåra och rita denna grundläggande bokstav i cellerna nedan.

ㄺ ㄺ **k**

Uttala den andra bokstaven med det slutliga ㄱ ljudet

ㄺ

STYLER ㄺ ㄺ ㄺ **ㄺ** ㄺ ㄺ

SKRIV Rita **rieul + giyeok** med totalt 4 streck.

I ANVÄNDNING 읽다 att läsa   닭이 Kycklingar
ilgda   *dalgi*

PRAKTIK   Spåra och rita denna grundläggande bokstav i cellerna nedan.

ㄻ ㄻ **m**

SÄG   Uttala den andra bokstaven med det sista ㅁ ljudet

ㄻ

STYLER ㄻ ㄻ ㄻ **ㄻ** ㄻ ㄻ

SKRIV Rita **rieul + mieum** med totalt 6 streck.

I ANVÄNDNING 삶 liv   젊다 att vara ung
salm   *jeolmda*

PRAKTIK   Spåra och rita denna grundläggande bokstav i cellerna nedan.

 랩 **1**

랩

STYLER   랩 ㄹㅂ 랩 **랩** 랩 ㄹㅂ

SKRIV   Rita **rieul + bieup** med totalt 7 streck.

I ANVÄNDNING **짧은** Kort   **넓다** att vara bred, rymlig
jjalbeun   *neolbda*

PRAKTIK   Spåra och rita denna grundläggande bokstav i cellerna nedan.

랩							

 럇 **1**

SÄG   Uttala den första bokstaven med det slutliga ㄹ ljudet

럇

STYLER   럇 ㄹㅅ 럇 **럇** 럇 ㄹㅅ

SKRIV   Rita **rieul + siot** med totalt 5 slag.

I ANVÄNDNING **외곬** utanför
oegols

PRAKTIK   Spåra och rita denna grundläggande bokstav i cellerna nedan.

럇							

ㄼ ㄼ 1

Uttala den första bokstaven med det slutliga ㄹ ljudet

ㄾ

STYLER ㄾ ㄾ ㄾ **ㄾ** ㄾ ㄾ

SKRIV Rita **rieul + tieut** med totalt 6 streck.

I ANVÄNDNING **핥다** att slicka

haltda

PRAKTIK Spåra och rita denna grundläggande bokstav i cellerna nedan.

ㄾ								

ㄿ ㄿ p

SÄG Uttala den andra bokstaven med det sista ㅂ ljudet

ㄿ

STYLER ㄿ ㄿ ㄿ **ㄿ** ㄿ ㄿ

SKRIV Draw **rieul + pieup** with 7 strokes in total.

I ANVÄNDNING **읊다** att recitera

eulpda

PRAKTIK Spåra och rita denna grundläggande bokstav i cellerna nedan.

ㄿ								

 **1**

SÄG   Uttala den första bokstaven med det slutliga ㄹ ljudet

STYLER   랂 ㄹㅎ 랂 **랂** 랂 랂

SKRIV   Rita **rieul + hieut** med totalt 6 tecken.

I ANVÄNDNING   끓다 att koka (en vätska)
kkeulhda

잃다 att förlora
ilhda

PRAKTIK   Spåra och rita denna grundläggande bokstav i cellerna nedan.

 **p**

SÄG   Uttala den första bokstaven med det slutliga ㅂ sound

STYLER   ㅄ ㅂㅅ ㅄ **ㅄ** ㅄ ㅄ

SKRIV   Rita **bieup + siot** med totalt 6 streck.

I ANVÄNDNING   값을 pris
gabseul

없다 att inte existera, att inte ha
eobsda

PRAKTIK   Spåra och rita denna grundläggande bokstav i cellerna nedan.

BORAR   Bygg stavelseblock med bokstäverna i den vänstra kolumnen

ㄱ + 아 + ㄳ					
ㅁ + 요 + ㄵ					
ㅂ + 우 + ㅀ					
ㄲ + 이 + ㄺ					
ㅍ + 애 + ㄻ					
ㅅ + 에 + ㄼ					
ㅈ + 야 + ㄳ					
ㅃ + 어 + ㄾ					
ㅊ + 유 + ㄿ					
ㅌ + 여 + ㅀ					
ㄹ + 오 + ㅄ					
ㄷ + 애 + ㄵ					
ㅋ + 으 + ㄼ					
ㅆ + 우 + ㄾ					

(Se Svar - sidan 127)

ㅍ + 야 + ㄻ					
ㅂ + 애 + ㄺ					
ㄹ + 와 + ㄽ					
ㅈ + 유 + ㄾ					
ㅃ + 야 + ㄿ					
ㄴ + 왜 + ㄲ					
ㅎ + 오 + ㅀ					
ㅂ + 이 + ㅄ					
ㅁ + 위 + ㄳ					
ㄸ + 아 + ㄼ					
ㅅ + 우 + ㄾ					
ㄴ + 워 + ㄵ					
ㅉ + 왜 + ㄶ					
ㄷ + 예 + ㄽ					

NOTERA: EXEMPLEN ÄR AVSEDDA SOM SKRIVÖVNINGAR OCH KANSKE INTE
ÄR VANLIGT FÖREKOMMANDE

BORAR	Bygg stavelseblock med bokstäverna i den vänstra kolumnen					BESKRIV LJUDET
ㄱ + 예 + ㄻ						
ㄲ + 와 + ㄼ						
ㅁ + 으 + ㄲ						
ㅋ + 야 + ㄽ						
ㅈ + 애 + ㄾ						
ㅃ + 요 + ㄿ						
ㅊ + 아 + ㅀ						
ㅌ + 유 + ㄾ						
ㅂ + 왜 + ㅄ						
ㅍ + 오 + ㄵ						
ㄹ + 의 + ㄶ						
ㄷ + 이 + ㄺ						
ㅋ + 얘 + ㄻ						
ㅎ + 요 + ㄳ						

(Se Svar - sidan 127)

1 Vilket ljud gör ᆪ?

- A. Som "g" i tuggummi
- B. Som 'k' docka
- C. Som "t" i katt
- D. Som "s" i sitta

_____

2 Hur många 겹받침 tecken finns det?

- A. **7**   B. **9**
- C. **11**   D. **13**

_____

3 För vilken 겹받침 uttalar vi den andra bokstaven i slutet av ett ord?

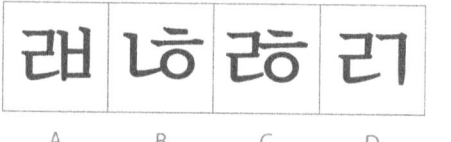

A.   B.   C.   D.

_____

4 Det finns ___ förenklade 받침-ljud?

- A. **8**   B. **7**
- C. **6**   D. **5**

_____

5 Vilket ljud gör ㄹ?

- A. Som "m" i män
- B. Som "s" sjunga
- C. Som "jag" i skratt
- D. Inget ljud

_____

6 What sound does ㄺ make?

- A. Som "g" i tuggummi
- B. Som 'k' docka
- C. Som "jag" i skratt
- D. Som "r" i kör

_____

7 Det korrekta uttalet av 닭게 är :

- A. [말께]   B. [마께]
- C. [말게]   D. [마게]

_____

8 Följt av en stavelse med en inledande vokal, som låter som "d" i drake?

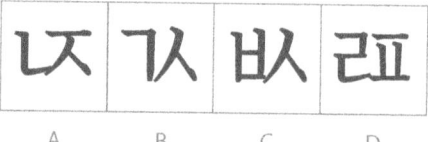

A.   B.   C.   D.

_____

9 Det korrekta uttalet av 값을 är :

- A. [갓블]   B. [가블]
- C. [가쁠]   D. [갑슬]

_____

10 Vilket ljud låter ㄹ?

- A. Som "m" i män
- B. Som "s" sjunga
- C. Som "s" i skratt
- D. Inget ljud

_____

(Se Svar - sidan 128)

Del 6

LJUD
FÖRÄNDRINGAR
REGLER

LJUDFÖRÄNDRINGAR

Koreanska ord består vanligtvis av mer än ett stavelseblock och meningar innehåller naturligtvis många fler. När vi börjar sätta ihop stavelser ger vissa bokstavskombinationer olika ljud när vi försöker artikulera dem - detta händer när vår artikulation snabbas upp för att vi ska kunna konversera. Det sker regelbundet på vårt modersmål, utan att vi tänker på det, men det är något som vi måste lära oss med ett nytt språk och andra ljud- eller bokstavskombinationer.

För att göra vardagsspråket mer naturligt och för att generellt underlätta vårt uttal finns det ett antal ljudbytesregler som vi behöver lära oss mer om. Reglerna beskriver de förändringar som sker där dessa specifika bokstavs- och stavelsekombinationer möts, och skrivna ord stavas annorlunda än hur de låter i tal och konversation.

I det här kapitlet kommer vi att titta på en rad regler för ljudförändringar som kanske inte är helt relevanta för nybörjare. Denna information kommer att kännas mycket mer intensiv än de tidigare kapitlen där vi bara lärde oss Hangul-alfabetet. Bokmärk dessa sidor för att återkomma till dem när du stöter på förvirrande uttal.

Den dåliga nyheten för nybörjare är att dessa regler helt enkelt måste memoreras. De kan verka många och överväldigande i början, men när du förstår var de används och till och med använder dem i praktiken, kommer du att upptäcka att de hjälper dig att uttala koreanska mer naturligt - de kan till och med hjälpa dig att utveckla en mer inhemsk accent!

STAVNING VS. FÖRKORTNING

약 & 약 = *samma uttal* | 짚 & 집 = *samma uttal*

De som lär sig engelska som främmande språk stöter på ljudförändringar från stavning till uttal med ord som vi använder varje dag. Tänk på " sätt" och " sät - de uttalas likadant men är helt klart olika ord. Vi skiljer dem åt genom hur de stavas eller genom det sammanhang i vilket de sägs. Stavningen måste behållas så att vi kan förstå ordets ursprung och eventuella djupare mening bakom det.

ASSIMILERING

Det är här en slutkonsonant från en stavelse interagerar med begynnelsebokstaven i nästa stavelse och ändrar hur den ena eller båda låter. Var för sig fungerar stavelser och bokstäver precis som du förväntar dig, med de ljud som du har lärt dig att varje Hangul-bokstav representerar. Det är när de uttalas tillsammans i ord, i normal hastighet, som ljuden assimileras.

Vissa av reglerna är ganska breda medan andra kan vara ganska specifika - till och med diktera hur bara en bokstav ska uttalas i ett mycket speciellt scenario. Här är till exempel den första av de många ljudförändringsregler som vi kommer att titta närmare på i det här kapitlet:

$$ㄴ + ㄹ \;\; \text{OR} \;\; ㄹ + ㄴ = ㄹ + ㄹ$$

연락 → 열락

Stavning   *Uttal*

잘난 → 잘란

① När bokstäverna ㄴ och ㄹ möts mellan stavelser uttalar vi ㄴ som ett ㄹ ljud, vilket ger ett **dubbelt L-ljud** (eller "-ll"). Detta sker åt båda hållen:

---

② När två av bokstäverna ㄹ möts mellan stavelser uttalar vi dem däremot alltid uttalar vi dem alltid som **ett enda L-ljud.**

One example of assimilation with an English word might be *'handbag'* - say it out loud to yourself in a sentence like: *'pass me the handbag, please'*. In casual speech, we would rarely articulate every letter, so it probably sounds closer to **'ham--**bag' than 'hand---bag'.

The assimilated sound is the *'n-'* sound in *'hand'*, taking more of an *'m-'* sound as we skip over the *'d-'* sound to say the *'b-'* sound with more speed. Sounds for 'm-' and 'b-' are both articulated the same way with our lips (like 'made' & 'bathe') - merging sounds makes the pronunciation easier when talking at a faster rate.

** Undantag finns, men de ligger utanför räckvidden för en startbok som denna. Till exempel när vi lägger till ett tecken till ett befintligt ord och ㄴ + ㄹ *blir* ㄴ + ㄴ.

OMSTAVNING

Omstavning är en form av assimilering som är vanligt förekommande i koreanskan och som ändrar hur stavade ord låter när vissa bokstäver möts och interagerar. Dessa regler tillämpas generellt, såvida inte ett undantag anges:

1 När stavelser med 받침 följs av en stavelse som börjar med ett vokalljud, Vi **tar med det sista konsonantljudet.**

Undantag: Stavelser som slutar med ㅇ (ng) ändras inte eller överförs inte. Om en stavelse

Eftersom stavelseblock som börjar med en vokal har ㅇ längst fram, blir den övergripande effekten att ㅇ ersätts. Först ska vi undersöka det koreanska ordet för musik:

옷을 → 오슬 책을 → 채글

앞이 → 아피 질문이 → 질무니

꽃을 → 꼬츨 알았어요 → 아라써요

You may not have thought about it before, but we practice re-syllabification all the time when speaking English. Say the phrase 'thank you' out loud to yourself. Did you separate the two words 'thank' and 'you'? It is likely that you pronounced it something along the lines of 'than--kyou' instead. *This is exactly the same concept!*

---

*Vi kan slopa ㅎ -ljudet mellan stavelser, men om bokstaven ㅎ möter vissa konsonanter kan det fortfarande påverka hur vi uttalar de följande konsonanterna och förstärka eller aspirera dem - mer om detta inom kort!

겹받침 följer några av sina egna specialregler. Allt detta kommer inte att vara relevant för nybörjaren direkt, och de mer komplexa reglerna lär man sig med tiden. Det är viktigt att du åtminstone är medveten om dem för tillfället.

I allmänhet ska endast en av de två bokstäverna i 겹받침 höras när stavelser med fyra bokstäver uttalas. **Detta är normalt den** första av de två konsonanterna och gäller mest när vi ser stavelsen presenteras isolerat. Här är de andra grundläggande reglerna:

② När dubbla 받침 följs av stavelser som börjar med en vokal uttalas båda konsonanterna - den dubbla bokstaven delas och vi tar med ljudet av den andra konsonanten och ersätter i praktiken bokstaven ㅇ.

Stavning   *Uttal*

읽어 → 일거

BETYDELSE: *läsa*

값을 → 갑슬

BETYDELSE *pris, kostnad*

삶에 → 살메

BETYDELSE: *liv, levande*

③ När 겹받침 följs av en stavelse som börjar med en konsonant, eller är den sista stavelsen i ett ord, då uttalar vi bara en av de två konsonanterna.

För ㄹㅁ, ㄹㅍ, och ㄹㄱ, uttalar vi vanligtvis den andra konsonanten - för alla andra dubbla slutkonsonanter uttalar vi ljudet från den första av de små bokstäverna.

Undantag: Om ㄹㄱ *följs av* ㄱ *som initial konsonant uttalar vi* ㄹ *ljudet istället.*

넋 → 넉 ｜ 값 → 갑 ｜ 삶 → 삼

Kom ihåg att dessa regler endast gäller uttalet av stavelser och ord. Stavningen förändras aldrig - det är bara hur vi säger vissa bokstavskombinationer i vissa positioner.

NASALISERING

En annan assimileringsregel som specifikt reglerar bokstavskombinationer som uttalas med ett nasalljud. Alla konsonanter som följs av bokstäver med nasalljuden ㄴ och ㅁ ('-n' och -m' ljud) omvandlas också till mer nasala ljud.

Vi har skapat en tabell (nedan) som sammanfattar de olika ljudändringarna för referens. Några exempel ges för att hjälpa dig att identifiera ljudförändringar, men övning är nyckeln:

Slutkonsonant som den stavas/skrivs	Följs av bokstav:	Assimilerat ljud, batchim till nasal	Uttal ändras med exempelord
ㄱ ㅋ ㄲ	+ ㄴ	ㄱ → ㅇ	죽는 → 중는
ㄱ	+ ㅁ	ㄱ → ㅇ	국물 → 궁물
ㅂ ㅍ	+ ㄴ	ㅂ → ㅁ	밥맛 → 밤맛
ㅂ ㅍ	+ ㅁ	ㅂ → ㅁ	앞문 → 암문
ㄷ ㅌ ㅈ ㅊ ㅅ ㅆ ㅎ	+ ㄴ + ㅁ	ㄷ → ㄴ	몇년 → 면년 있는 → 민는 듣는 → 든는

Occurring naturally with English words, it is easy to forget rules like this as you learn a new language - instead, pronouncing syllables with exact phonetics for every letter. Without applying the rules above, the Korean pronunciation you develop could be awkward and quite far from native - *so they are certainly worth memorizing properly!*

PALATALISERING

Det innebär att ett helt nytt ljud uppstår när man uttalar specifika bokstavskombinationer. Det är en annan ljudförändring som kan vara svår att förklara, men den är också relativt ovanlig i vardagliga koreanska konversationer och tal.

Ljudförändringar som denna tenderar att uppstå helt naturligt när vi försöker artikulera de korrekta enskilda ljuden i snabb följd - - *Du kanske ändå kommer att upptäcka samma sak med din koreanska!*

Once more, an example in English might illustrate this better to begin with: say the phrase *'did you?'* out loud to yourself at a normal conversational speed. Was your pronunciation a highly articulated *'did---you'* or was it actually closer to *'di---jyu'*? Try saying it at different speeds - can you hear and feel how the sounds combine to create a new sound that is missing from the spelling?

Fundera på hur motsvarande bokstäver i ditt eget språk skulle låta i förhållande till dessa exempel:

① **ㄷ + 이 → 지**

När slutkonsonanten ㄷ möter 이 blir det ett ㅈ-ljud. Den tysta vokalens platshållare ersätts och blir ett 지-ljud.

굳이 → 구지

해돋이 → 해도지

② **ㅌ + 이 → 치**

Om slutkonsonanten ㅌ möter 이 ändras den till ett ㅊ-ljud. ○ ersätts återigen effektivt för att skapa ett 치-ljud totalt.

같이 → 가치

밭이 → 바치

③ **ㄷ + 히 → 치**

Ett annat 치-ljud skapas när ㄷ möter 히, men den här gången är det konsonanten ㅎ som vi släpper för att skapa det nya ljudet.

묻히 → 무치

닫히다 → 다치다

LJUDFÖRÄNDRINGAR MED ㅎ

Bokstaven ㅎ är försvagad och ofta ohörbar (särskilt för icke-modersmålstalare) mellan vokaler eller efter vokaliserade, mer nasala konsonanter ㄴ, ㄹ, ㅁ och ㅇ. Av denna anledning beskrivs den felaktigt som en "tyst" bokstav - den verkar falla bort helt och hållet när vi hör koreaner tala, men om uttalet är långsamt kan den höras - den är bara mycket svag.

좋아요 → 조아요   공부하다 → 공부아다

(betyder - är bra)   *(betyder - att studera)*

Avancerat: eftersom det är den mest använda verbformen kommer du att se ord med 하다 ganska ofta. Det är ovanligt att höra detta uttalas som det läses, istället låter det mer som 아다.

ASPIRATION

När konsonanterna ㄱ, ㄷ, ㅂ och ㅈ möter bokstaven ㅎ, både före och efter, får de sina mycket starkare, aspirerade ljud (ㅋ, ㅌ, ㅍ respektive ㅊ). Det krävs en extra luftstöt för att uttala aspirerade konsonanter och i kombination med ㅎ (en aspirerad konsonant i sig) får vi den extra kraft som behövs för att åstadkomma ljudet:

1
ㅎ + ㄱ → ㅋ
ㅎ + ㄷ → ㅌ
ㅎ + ㅂ → ㅍ
ㅎ + ㅈ → ㅊ

2
ㄱ + ㅎ → ㅋ
ㄷ + ㅎ → ㅌ
ㅂ + ㅎ → ㅍ
ㅈ + ㅎ → ㅊ

Exempel:

좋고 → 조코

닿다 → 다타

좋지 → 조치

어떻게 → 어떠케

국화 → 구콰

집회 → 지푀

맞히다 → 마치다

"INTENSIFIERING" & "FÖRSTÄRKNING

När konsonanter skrivs intill varandra kan de ofta interagera och orsaka förändringar som gör det totala uttalet lättare. Denna uppsättning regler hänvisar till en rad fonetiska förändringar med många överensstämmelser och många undantag. Det gör det inte bara svårt att beskriva, utan också otroligt svårt att förstå när man försöker lära sig koreanska!

Det som gör det ännu svårare är att de flesta infödda koreaner inte skulle lära sig att tala med hjälp av regler som dessa - istället skulle de helt enkelt anamma dem på ett mer organiskt sätt. *Förvirrad än?*

När en stavelse slutar med vissa konsonanter och en angränsande stavelse börjar med antingen ㄱ,ㄷ,ㅂ,ㅅ eller ㅈ, fördubblas deras ljud i styrka = ㄲ,ㄸ,ㅃ,ㅆ,ㅉ.

식당 › 식땅 | 학교 › 학꾜 | 돋보기 › 돋뽀기
Matsal   *skola*   *förstoringsglas*

För att förkorta 받침-ljud som ㅂ i slutet av ett ord eller en isolerad stavelse undertrycker vi den luftutsläpp som normalt följer dessa typer av bokstäver - aspirationen. Håll handen framför ansiktet och säg orden "tar" och "star" - kände du en liten luftstöt från "t-" i "tar" men inte från det i "star"?

När vi stöter på en av dessa förstärkande konsonanter kan vi omvandla all uppbyggd kraft från undertryckt aspiration i 받침 till att förstärka ljudet av den följande bokstaven. Det blir en kortare, mer högljudd version med en mer explosiv luftstöt.

Obs: Slutkonsonanten ㅎ förstärker endast en initial ㅅ, vilket gör det till ett ㅆ-ljud i början.

BETYDELSE: *bra*

Stavning   *Uttal*

VANLIGA UNDANTAG

De flesta regelundantag lär man sig genom att läsa, skriva och tala mer koreanska. Det finns för många för att alla ska kunna nämnas, men här är några av de vanligaste:

1 Undantag för assimilation görs när ㅁ eller ㅇ i position 받침 möter ㄹ i en initial position. I båda fallen ersätts ㄹ av ett ㄴ-ljud.

$$\boxed{\text{ㅁ OR ㅇ + ㄹ}} \quad 음력 \rightarrow 음녁 \qquad \textit{månkalender}$$

Mindre vanliga undantag med konsonanter som beter sig konstigt framför bokstaven ㄹ inkluderar, till exempel: bokstäverna ㄱ, ㄷ eller ㅂ (+ㄹ) blir ㅇ, ㄴ respektive ㅁ (+ㄴ).

2 ㅎ uttalas som ㄷ i slutpositionen men när det möter bokstaven ㄴ som en initial konsonant, uttalar vi det som en annan ㄴ:

$$\boxed{\text{ㅎ + ㄴ = ㄴ + ㄴ}} \quad 닿는 \rightarrow 단는 \qquad \textit{beröring, räckvidd}$$

3 Bokstaven ㅅ uttalas som ㄷ i slutpositionen men ㄷ uttalas som ㅌ när det följs av ㅎ. När bokstaven ㅅ följs av ㅎ genomgår den därför två ljudförändringar samtidigt och uttalas som ㅌ:

$$\boxed{\text{ㅅ + ㅎ = ㅌ}} \quad 못하다 > 모타다 \qquad \textit{kan inte, kan inte}$$

4 Bokstaven ㅅ har ett "sh-"-ljud när den paras med vokalerna 이 여 야 요 och 유, men har istället ett "s-"-ljud med vokalerna 아 어 우 오 으 애 eller 에:

$$\boxed{\text{ㅅ = 's-' OR 'sh-'}} \quad 샴푸 \begin{array}{l}\textit{schampo}\\ \textit{[syam-pu]}\end{array} \qquad 사서 \begin{array}{l}\textit{bibliotekarie}\\ \textit{[sa-seo]}\end{array}$$

FÖRENKLING

Uttalet av Batchim kan förenklas till ett av sju ljud, enligt tabellen nedan:

ㄱ	ㅋ	→	ㄱ	'-k' sound like in 'lock' - but more about locking the air in your throat instead of releasing the end of this sound.
ㄲ	ㄳ	ㄺ		
	ㄴ	→	ㄴ	'-n' sound like in 'man'
ㄵ	ㄶ			
ㄷ	ㅌ	ㅎ	→ ㄷ	'-t' like in 'chat' but without the little burst of air that follows the last consonant
ㅅ	ㅈ	ㅊ		
ㅆ	ㅉ	ㄸ**		
ㄹ	ㄽ	→	ㄹ	'l-' in 'laugh' but with your tongue touching the roof of your mouth instead of your teeth
ㄼ	ㄾ	ㅀ		
ㅁ	ㄻ	→	ㅁ	'-m' like in 'dream'
ㅂ	ㅍ	→	ㅂ	'-p' sound like in 'chop'
ㅃ**	ㅄ	ㄿ		
	ㅇ	→	ㅇ	'-ng' sound as in 'sing'

◯ = gyeobbatchim
(dubbel slutlig konsonant)

◯ = dubbel konsonant
(vanlig bokstav)

◯ = båda

**Dessa bokstäver används aldrig i slutpositionen som batchim (slutkonsonanter).*

"INTRUSIV" ㄴ

There is an unexpected ㄴ sound that we occasionally hear in Korean. It could perhaps be compared to the way some English words are pronounced with sounds that do not fit their spellings - like the '-ff' sound in the word 'rough'. While this is not the same, it may help to illustrate what type of sound change the phenomenon of 'intrusive ㄴ' is!

Det är en intressant regel som nybörjare förmodligen inte behöver lära sig, men den dyker upp och är värd att förstå. Under speciella omständigheter kan ㄴ-ljudet dyka upp och underlätta uttal som inte täcks av andra regler - i synnerhet, som vi kommer att se här, läggs det till när vissa sammansatta ord sägs - två ord som sätts samman för att skapa ny mening.

꽃잎 → 꼰닙

BETYDELSE *kronblad*

Detta är ett fantastiskt exempel på ett sammansatt ord som vi uttalar med denna regel - de två separata orden som det innehåller är blomma 꽃 och blad 잎.

Intrusivt ㄴ-uttal uppstår när båda tecknen är ord i sig själva - som i exemplet ovan. Det första ordet måste också sluta med 받침 (bokstav ㅊ här), och det andra ordet måste börja med en av fem specifika vokaler ㅣ ㅑ ㅕ ㅛ eller ㅠ.

Vi kan se att den korrekt stavade versionen (*till vänster*) ser helt annorlunda ut än den uttalade versionen (*transkriberad till höger*). Det finns en rad regler för ljud regler för ljudförändringar som fungerar samtidigt i detta exempel - här är en liten uppdelning:

꽃잎 → 꽃닙 → 꼰닙 → 꼰닙

Stavning + L-regeln Nasalisering Förenkling

Obs: Om slutkonsonanten är bokstaven ㄹ, uttalar vi denna ytterligare ㄴ som ㄹ istället.

Som utlänning skulle du bli mycket väl förstådd om en regel som går dig förbi - den påträngande ㄴ bör man inte oroa sig alltför mycket för som nybörjare. Det är ganska avancerat!

Del 7

ANVÄNDBARA ORD & NYBÖRJARORDFÖRRÅD

Det finns **två talsystem** på koreanska och de används båda regelbundet i vardagslivet - så vi måste lära oss båda! Det första systemet kallas **Sino-koreanska** och den andra kan kallas "ren koreanska" eller **"infödd korean**. De två systemen har olika användningsområden beroende på situationen, och de kombineras till och med i vissa sammanhang.

Sino-koreanska är en term som beskriver element i det koreanska språket som antingen är influerade av, eller har sitt ursprung i, Kina. Nästan två tredjedelar av det koreanska ordförrådet anses vara sinokoreanskt och det kan skrivas antingen med Hangul eller ett annat alfabet, som kallas Hanja (kinesiska tecken).

De koreanska talsystemen kan låta ganska komplexa, men båda fungerar med välbekant logik och endast en relativt liten grupp ord behövs för att skapa varje tal vi behöver.

#	'Infödd" koreanska		Sino-koreanska	
0	영*	[yeong]	공*	[gong]
1	하나	[ha-na]	일	[il]
2	둘	[dul]	이	[i]
3	셋	[set]	삼	[sam]
4	넷	[net]	사	[sa]
5	다섯	[da-seot]	오	[o]
6	여섯	[yeo seot]	육	[yuk]
7	일곱	[il-gop]	칠	[chil]
8	여덟	[yeo-deol]	팔	[pal]
9	아홉	[a-hop]	구	[gu]
10	열	[yeol]	십	[sip]

Hur varje system generellt används:

Sino-koreanska

> Tid (endast minuter) > Pengar
> Adresser > Datum
> Telefonnummer > Mätning
> Sport/resultat > ...allt annat!

Infödd Korean

> Tid (endast timmar) > Sekvenser
> Räkna människor > Ålder
> Räkna föremål

Noter:

De inhemska koreanska siffrorna slutar på 99, medan de kinesisk-koreanska siffrorna slutar på 100 och högre.

De koreanska siffrorna kan också ha lite olika former som adjektiv, men de ord som visas här är helt adekvata för nästan alla sammanhang.

Båda versionerna av noll är Hanja, härledda från kinesiska - vi tenderar att använda 공 för kinesisk-koreanska siffror.

Sino-koreanska siffror ganska lätta att lära sig! När du har memorerat siffrorna 1-10 skapar vi de flesta större siffrorna genom att helt enkelt kombinera dem med orden för större, runda siffror som 10, 100, 1000 och så vidare. Det finns inga sammansatta ord mellan 19 och 100, som "tjugo" eller "trettio", och vi skulle säga "två-tio" eller "tre-tio" istället. I själva verket multipliceras enstaka siffror framför stora tal, och de följande siffrorna adderas:

2	이	*två*
12	십이	*tio--två*
20	이십	*två--tio*
22	이십이	*två--tio--två*
200	이백	*två--hundra*
202	이백이	*två--hundra--------------två*
212	이백십이	*två--hundra---------tio--två*
220	이백이십	*två--hundra--två--tio*
222	이백이십이	*två--hundra--två--tio--två*

10	십
100	백
1,000	천
10,000	만
100,000	십만
1,000,000	백만
10,000,000	천만

...större tal multipliceras också över 10 000

De stora, runda talen från 100 och uppåt kan uttryckas på två sätt när de skrivs ensamma - antingen som 일백 'ett--hundra' eller, vanligare, bara 백 'hundra'. Detsamma gäller för 일천 'ett--tusen' och 천 'tusen' - de är utbytbara.

'"Infödd korean numreringen går bara till 99 och fungerar lite annorlunda.

Vi måste lära oss unika ord för varje multipel av 10, utöver de ensiffriga siffror. De adderas ihop, som i exemplen i tabellen till höger, där varje visas med talet 둘 (2):

10	열	>	12	열둘
20	스물	>	22	스물둘
30	서른	>	32	서른둘
40	마흔	>	40	마흔둘
50	쉰	>	52	쉰둘
60	예순	>	62	예순둘
70	일흔	>	70	일흔둘
80	여든	>	82	여든둘
90	아흔	>	92	아흔둘

Öva på att skriva de "inhemska" koreanska siffrorna nedan:

1	하	나								
2	둘									
3	셋									
4	넷									
5	다	섯								
6	여	섯								
7	일	곱								
8	여	덟								
9	아	홉								
10	열									
12	열	둘								
15	열	다	섯							
18	열	여	덟							
19	열	아	홉							

Öva på att skriva de "inhemska" koreanska siffrorna nedan:

20	스 물										
30	서 른										
40	마 흔										
50	쉰										
60	예 순										
70	일 흔										
80	여 든										
90	아 흔										
24	스 물 넷										
57	쉰 일 곱										
61	예 순 하 나										
73	일 흔 셋										
86	여 든 여 섯										
92	아 흔 둘										

Öva på att skriva de sino-koreanska siffrorna nedan:

0	공										
1	일										
2	이										
3	삼										
4	사										
5	오										
6	육										
7	칠										
8	팔										
9	구										
10	십										
100	백										
1,000	천										
10,000	만										

Öva på att skriva de sino-koreanska siffrorna nedan:

11	공	일			
19	십	구			
23	이	십	삼		
77	칠	십	칠		
125	백	이	십	오	
199	백	구	십	구	
201	이	백	일		
358	삼	백	오	십	팔
540	오	백	사	십	
999	구	백	구	십	구
1001	천	일			
2054	이	천	오	십	사
9,999	구	천	구	백	구	십	구

DAGAR OCH MÅNADER

Öva på att skriva veckodagarna nedan:

Veckodagarna har kinesisk-koreanska namn och representeras av fem naturliga element (från kinesisk kultur) och de två himlakropparna (sol och måne). Kalendermånaderna benämns också på kinesisk-koreanska, även om de följer det siffersystem som vi just har lärt oss.

Formatet när du skriver ett datum på koreanska är ganska bekant - om du skriver din födelsedag skulle det ordnas så här: YYYY년 MM월 DD일 och siffran för år kan reduceras till två siffror. Om du lär dig de sinokoreanska siffrorna och orden ovan för år, dagar och månader kan du enkelt skriva vilket datum du vill - Hangeuldagen infaller den 9 oktober - det blir då 10월 9일 ...eller 시월 구일, till exempel.

Anmärkningar: 일 betyder "dag" i sammanhanget nedan men betyder "arbete" om det används isolerat. Den andra delen av varje dags namn, 요일, kan ses förkortad till bara den första stavelsen.

Symbolerna längst fram i varje namn används inte nödvändigtvis som ord i andra sammanhang med samma betydelse - t.ex. är "sol" 태양, inte 일.

Tips: Västerländska veckodagar har "- dag" i slutet, och koreanska veckodagar slutar med...

MÅNDAG 월 MÅNEN	월	요	일					
TISDAG 화 BRAND	화	요	일					
ONSDAG 수 VATTEN	수	요	일					
TORSDAG 목 TRÄ	목	요	일					
FREDAG 금 GULD	금	요	일					
LÖRDAG 토 JORD	토	요	일					
SÖNDAG 일 SOL/DAG	일	요	일					

Namnen på månaderna är helt enkelt sino-koreanska siffror med ordet 월 (wol), som betyder månad, t.ex. 1월 är januari, 2월 är februari, och så vidare. Två undantag (markerade med *) har små ändringar som underlättar uttalet: Juni är 유월 inte 육월 och oktober 시월 inte 십월.

JANUARI 1월	일	월						
FEBRUARI 2월	이	월						
MARS 3월	삼	월						
APRIL 4월	사	월						
MAJ 5월	오	월						
JUNI * 6월	유	월						
JULI 7월	칠	월						
AUGUSTI 8월	팔	월						
SEPTEMBER 9월	구	월						
OKTOBER * 10월	시	월						
NOVEMBER 11월	십	일	월					
DECEMBER 12월	십	이	월					

FÄRGER

Efter att ha memorerat alfabetet och lärt sig om siffror och datum är ett användbart och enkelt nästa steg med alla nya språk vanligtvis att lära sig hur man skriver och säger färgerna.

Orden i följande listor kan i allmänhet användas som och substantiv. Du kommer snabbt att märka att de alla slutar med 색 (saek) - en kort version av 색깔 (saekkkal) - som är det koreanska ordet för "färg". Vi använder det korta ordet 색 när vi talar om en specifik färg, men i vissa fall, när vissa färger används som adjektiv, kan detta utelämnas om du vill. Dessa färger är markerade med *.

Öva på att skriva färgerna nedan:

RÖD *	빨	간	색					
ORANGE	주	황	색					
GUL *	노	란	색					
GRÖN	초	록	색					
BLÅ *	파	란	색					
PURPUR	보	라	색					
ROSA	분	홍	색					
VIT *	하	얀	색					
SVART *	검	정	색					
GRÅ	회	색						

GULD	금	색		
SILVER	은	색		
BRONS	청	동	색	
BRUN	갈	색		
MARINBLÅ	곤	색		
SKYBLÅ	하	늘	색	
MÖRKGRÖN	초	록		
LJUSGRÖN	연	두	색	
TURQUOISE	청	록	색	
TAN	황	갈	색	
JADE	비	취	색	
BEIGE	베	이	지	색
PERSIKA	복	숭	아	색
RAINBOW	무	지	개	색

LISTOR ÖVER ORDFÖRRÅD

Följande serie av sidor innehåller ett urval av grundläggande vokabulärlistor, sorterade efter tema. Att memorera vokabulär är en mycket underskattad uppgift för nybörjare som lär sig koreanska. Förutom att behärska Hangul-alfabetet kommer du långt med att ha goda kunskaper om vardagliga ord när du går vidare till mer avancerade nivåer. Det är viktigt att komma ihåg att ett bra ordförråd behövs när du ska lära dig mer om grammatik och börja bilda riktiga meningar. Försök att kopiera ord till nya listor - både upprepning och personlig kurering räcker långt när du vill memorera nya ord. *Längst bak i boken finns sidor med extra övningsrutnät som du kan fotokopiera för eget bruk.*

MAT 음식 & ÄTER 먹기

식사	måltid		접시	tallrik
아침(식사)	frukost		그릇	skål
점심(식사)	lunch		냄비	kruka
저녁(식사)	middag		탁자	Bord
과자	mellanmål		음료수	Dryck
고기	kött		물	Vatten
돼지고기	fläskkött		콜라	cola
소고기	fläskkött		맥주	öl
닭고기	nötkött		사이다	cider
해물	Fisk och skaldjur		켄	burk
재료	ingredienser		병	flaska
김치	kimchi		우유	mjölk
반찬	tillbehör		냉면	kalla nudlar
식당	restaurang		밥	ris
메뉴	meny		볶음밥	Stekt ris
젓가락	Ätpinnar		만두	dumplings
칼	kniv		어묵	Fiskkaka
포크	gaffel		전	Pannkaka
숟가락	Sked			
도마	Skärbräda			

사과	*äpple*	바나나	*banan*
오렌지	*apelsin*	파파야	*papaya*
귤	*tangerin*	마늘	*vitlök*
승도보숭아	*nektarin*	양파	*lök*
포도	*druvor*	당근	*morot*
배	*Päron*	감자	*potatis*
멜론	*melon*	고구마	*sötpotatis*
수박	*vattenmelon*	브로콜리	*broccoli*
레몬	*citron*	버섯	*Svamp*
라임	*lime*	양배추	*Kål*
딸기	*jordgubbar*	완두공	*ärtor*
산딸기	*hallon*	옥수수	*majs*
블루베리	*blåbär*	부추	*purjolök*
블랙베리	*björnbär*	순무	*rova*
크랜베리	*tranbär*	호박	*pumpa*
체리	*körsbär*	토마토	*tomat*
복숭아	*persika*	상추	*sallad*
살구	*aprikos*	오이	*gurka*
자두	*plommon*	피망	*Paprika*
키위	*kiwi*	셀러리	*selleri*
망고	*mango*	아보카도	*avokado*
파인애플	*ananas*	샐러드	*sallad*
자몽	*grapefrukt*	올리브	*oliv*
석류	*granatäpple*	애호박	*Zucchini*
코코넛	*kokosnöt*	껍질콩	*gröna bönor*
피타야	*drakfrukt*	무	*rädisa*
두리안	*durian*	견과	*Nöt*
대추	*jujube*	아몬드	*Mandel*
금귤	*kumquat*	땅콩	*Jordnöt*

식료품	dagligvaruhandel	사다	att köpa
가게	butik/affär	바지	byxor
약국	Apotek	청바지	jeans
빵집	Bageri	모자	hatt
열림 / 닫힘	öppen/stängd	반바지	shorts
슈퍼마켓	Stormarknad	치마	Kjol
쇼핑센터	Köpcentrum	양말	Strumpor
백화점	Varuhus	신발	skor
(전통)시장	(traditionell) marknad	원피스	Klänning
편의점	Närbutik	운동화	sneakers
서점	Bokhandel	양복	Kostym
꽃집	Blomsteraffär	안경	Glasögon
영업시간	öppettider	셔츠	skjorta
돈	pengar	하이힐	Högklackat
현금	kontanter	티셔츠	T-shirt
신용 카드	Kreditkort	재킷	jacka
체크 카드	Betalkort	드레스	Klänning
할인	rabatt	파자마	Pyjamas
반값	halva priset	브라	behå
싸다	billigt	팬티	Underkläder
저렴하다	billigt	코트	rock
가격표	prislapp	구두	klädd sko
기념품	Souvenirer		
보증서	Garanti		
환불	Återbetalning		
교환	Byte		
영수증	kvitto		
세금	skatt		
쿠폰	kupong		

기온	temperatur	맑다	klart
여름	sommar	쌀쌀하다	kyligt
겨울	vinter	영하	under noll
가을	höst	영상	över nollan
봄	vår	기후	klimat
하늘	himmel	국내 여행	lokal resa
구름	moln	해외 여행	utlandsresa
이슬비	regn	비행기	Flygplan
눈바람	Snöstorm	공항	flygplats
비	regn	해외	Utländskt land
눈	snö	버스	buss
번개	blixt	버스 정류장	busshållplats
천둥	åska	역	station
소나기	skur	버스 정류장	busstation
태풍	tyfon	여권	Pass
우산	Paraply	지하철	tunnelbana
비옷	Regnjacka	택시	taxi
장마	Regnperiod	입장시간	Öppettid
해	Sol	마감시간	Stängningstid
가뭄	Torka	숙소	Inkvartering
자외선	UV-strålar	짐	bagage
해변	Strand	지도	Karta
바다	Hav	관광 가이드	reseguide
에어컨	luftkonditionering	표	biljett
공기	Luft	다리	bro
바람	vind	바다	Hav
폭염	Värmebölja	등대	Fyr
건조하다	torr	해변	Strand
습하다	fuktig	산	Berg

아파트	lägenhet	티비	TV
방	rum	텔레비전	TV
바닥	våning	소파	soffa
천장	tak	의자	stol
일층	första våningen-	탁자	bord
지하실	källare	식탁	Matbord
다락방	vind	책장	Bokhylla
계단	trappor	라디오	radio
정원	trädgård	그림	Bild
창문	Fönster	페인팅	målning
식물	Växt	침실	sovrum
화분	Blomkruka	침대	Säng
주방 / 부엌	kök	베개	Kudde
싱크대	diskho (kök)	자명종	Väckarklocka
세탁기	Tvättmaskin	옷장	Garderob
마이크로웨이브	mikrovågsugn	깔개	Matta
냉장고	kylskåp	램프	Lampa
냉동고	frys	전구	Glödlampa
난로	spis	거울	Spegel
식기세척기	diskmaskin	포스터	Affisch
오븐	ugn	책상	Skrivbord
주전자	Vattenkokare	컴퓨터	Dator
토스터	brödrost	화장실	badrum
컵	Kopp	변기	toalett
벽장	Skåp	샤워	dusch
후라이팬	Stekpanna	욕조	badkar
냄비	kastrull	싱크	Handfat
거실	Vardagsrum	약상자	Medicinskåp
가구	Möbler		

머리	huvud	가슴	bröstkorg
이마	panna	등	rygg
눈	öga	허리	Midja
귀	öra	배꼽	navel
귓불	örsnibb	다리	Ben
코	näsa	허벅지	Lår
입	mun	무릎	Knä
입술	Läppar	종아리	Vad
혀	tunga	발	Fot
볼/뺨	kind	발목	Ankel
이/치아	tand/tänder	발톱	Tånagel
턱	haka	발꿈치	Häl
목	hals	발바닥	Sula
목구멍	hals	발가락	Tå
어깨	axel	근육	Muskel
쇄골	nyckelben	뼈	Ben
팔	arm	심장	hjärta
팔목	Handled	피 / 혈액	Blod
팔꿈치	armbåge	위	mage
손	hand	머리카락	hår
손바닥	handflata	수염	Ansiktshår
주먹	knytnäve	콧수염	mustasch
손가락	finger	눈썹	ögonbryn
엄지손가락	tumme	얼굴	ansikte
집게손가락	pekfinger	피부	hud
약지	Ringfinger	점	fläck
손톱	Fingernagel	보조개	grop
중지	Långfinger	여드름	finne
새끼 손가락	Lillfinger	주근깨	finne

메시지	meddelande	로그인	inloggning
지도	Karta	비밀번호	lösenord
카메라	kamera	선택	Välj
사진	Foto	복사	kopiera
갤러리	Galleri	붙여넣기	Klistra in
시계	klocka	이동	flytta
미리알림	Påminnelse	지르기	beskära
캘린더	Kalender	이름 변경	Byt namn på
주소록	Kontakter	계속	Fortsätt
계산기	Kalkylator	취소	Avbryt
음악	Musik	입력	Inmatning
소리	Ljud	수신함	Inkorg
방해금지 모드	Stör ej	오전	am
제어 센터	Läge	오후	pm
에어플레인	Kontrollcenter	좋아하다	Gilla
모드	Flygplansläge	팔로워	Följare
알림	Meddelande	페이지	sida
(홈)화면	(Hem)skärm	활동	Aktivitet
잠그화면	låsskärm	새 포스트	Nytt inlägg
설정	Inställningar	리블로그하다	att reposta
와이파이	Wi-Fi	임시 저장	Utkast
개인용 핫스팟	Hotspot	답하기	Svar
이동통신사	Mobilt nätverk-	위치	plats
셀룰러	Mobil	익명으로	anonym
모바일 데이터	Mobila data	배터리 전원 부족	lågt batteri
전원 끄기	avstängning		
번역	Översättare		
앱	app		
메모리	minne		

직장	arbetsplats	바텐더	bartender
경력	karriär	전기기사	Elektriker
이력서	CV	경찰	polis
면접	anställningsintervju	소방관	Brandman
고용주	arbetsgivare	배관공	rörmokare
연봉	årslön	어부	fiskare
월급	månadslön	정육점	Slaktare
동료	Kollega	목수	snickare
회의	Möte	건축가	arkitekt
출장	Affärsresa	조종사	pilot
퇴직자	Pensionär	약사	apotekare
선생님	Lärare	점원	store clerk
교수님	Professor	정원사	butiksbiträde
연구원	Forskare	수의사	Veterinär
학생	student	미용사	Frisör
간호사	sjuksköterska	운동선수	Idrottare
치과의사	Tandläkare	노동자	Arbetare
의사	läkare	수리 기사	Reparationstekniker-
군인	Soldat	사진사	Fotograf
요리사	kock/kokerska	프로그래머	Programmerare
변호사	Advokat	가수	Sångare
비서	sekreterare	배우	Skådespelare
은행가	bankman	사무원	Kontorsanställd-
작가	Skribent/författare	농장주/농부	Lantbrukare
기자	journalist	택시기사	Taxichaufför
엔지니어	Ingenjör	기술자	Tekniker
과학자	Vetenskapsman	보모	Barnflicka
디자이너	designer	예술가	Konstnär
정비사	Mekaniker	회계사	Revisor

애완동물	*husdjur*	오리	*anka*
개	*hund*	비둘기	*duva*
강아지	*Valp*	거위	*gås*
고양이	*katt*	독수리	*örn*
새	*Fågel*	뱀	*orm*
물고기	*Fisk*	북극곰	*isbjörn*
코끼리	*elefant*	캥거루	*känguru*
사자	*lejon*	돌고래	*Delfin*
호랑이	*tiger*	상어	*haj*
곰	*Björn*	오징어	*Bläckfisk*
기린	*giraff*	문어	*Bläckfisk*
얼룩말	*zebra*	게	*krabba*
고릴라	*gorilla*	장어	*Ål*
원숭이	*apa*	나비	*fjäril*
판다	*panda*	다람쥐	*ekorre*
하마	*flodhäst*	오소리	*Grävling*
코뿔소	*noshörning*	토끼	*kanin*
고래	*val*	햄스터	*hamster*
거북이	*Sköldpadda*	기니피그	*marsvin*
악어	*krokodil*	개구리	*groda*
거미	*Spindel*	늑대	*varg*
벌	*bi*	사슴	*hjort*
개미	*Myra*	여우	*räv*
소	*ko*	칠면조	*kalkon*
염소	*get*	도마뱀	*ödla*
양	*får*	표범	*leopard*
말	*häst*	치타	*Gepard*
돼지	*gris*	펭귄	*pingvin*
앵무새	*Papegoja*	침팬지	*pingvin*

FAMILJ 가족

가족	*familj*
아이들	*barn*
아들	*son*
딸	*dotter*
아이	*barn*
부모(님)	*föräldrar*
어머니	*mor (formell)*
어머님	*mor (hedersbetygelse)*
엄마	*mor (informell)*
아버지	*far (formell)*
아버님	*far (hedersbetygelse)*
아빠	*far (informell)*
조부모(님)	*Mor- och farföräldrar*
할아버지	*farfar*
할아버님	*farfar (hedersbetygelse)*
할머니	*mormor*
할머님	*mormor (hedersbetygelse)*
배우자	*make/maka*
남편	*make*
아내	*hustru*
형제자매	*Syskon (allmänt)*
형제	*bröder*
자매	*systrar*
누나	*äldre syster (för man)*
형	*äldre bror (för man)*
언니	*äldre syster (för kvinna)*
오빠	*äldre bror (för kvinna)*
여동생	*yngre syster*
남동생	*yngre bror*

HOBBYER 취미

여행	*resor*
외국어	*främmande språk*
요리	*matlagning*
독서	*Läsning*
운동	*motion*
독서	*Läsa böcker*
영화 감상	*Titta på film*
비디오 게임	*Videospel*
스포츠	*sports*
축구	*Fotboll*
야구	*Baseboll*
농구	*Basket*
수영	*Simning*
조깅	*jogging*
테니스	*tennis*
골프	*golf*
스키	*Skidor*
미식축구	*Fotboll*
배구	*volleyball*
태권도	*taekwondo*
등산	*Vandring*
달리기	*Löpning*
춤	*Dans*
가요	*K-pop*
미술	*Visuell konst*
낮잠	*Tupplur*
휴가	*Semester*
문화	*Kultur*
수다	*Chatt*

1

사	
구	
이	
칠	

2

8	
3	
5	
1	

3

이십삼	
육십구	
십육	
삼십팔	

4 Ungefär hur stor del av det koreanska ordförrådet har kinesiskt ursprung?

A. **alla**   B. **1/3**

C. **2/3**   D. **Hälften**   _____

5 Vad är måndag på koreanska, dagen uppkallad efter månen?

A. **화요일**   B. **목요일**

C. **일요일**   D. **월요일**   _____

6 Hur säger du namnet på den 11: e månaden, november, på koreanska?

A. **십일월**   B. **삼이월**

C. **십이월**   D. **삼일월**   _____

7 Vilken färg skrivs som **파란색** ?

A. **blå**   B. **vit**

C. **svart**   D. **gul**

E. **grön**   F. **rött**   _____

8

사백십육	
팔백십이	
삼백이십일	

9

540	
199	
704	

(Se Svar - sidan 128)

Del 8

REFERENS DIAGRAM & SVAR

		ㅏ a	ㅑ ya	ㅓ eo	ㅕ yeo	ㅗ o	ㅛ yo	ㅜ u	ㅠ yu	ㅡ eu	ㅣ i
ㄱ	g	가 ga	갸 gya	거 geo	겨 gyeo	고 go	교 gyo	구 gu	규 gyu	그 geu	기 gi
ㅋ	k	카 ka	캬 kya	커 keo	켜 kyeo	코 ko	쿄 kyo	쿠 ku	큐 kyu	크 keu	키 ki
ㄴ	n	나 na	냐 nya	너 neo	녀 nyeo	노 no	뇨 nyo	누 nu	뉴 nyu	느 neu	니 ni
ㄷ	d	다 da	댜 dya	더 deo	뎌 dyeo	도 do	됴 dyo	두 du	듀 dyu	드 deu	디 di
ㅌ	t	타 ta	탸 tya	터 teo	텨 tyeo	토 to	툐 tyo	투 tu	튜 tyu	트 teu	티 ti
ㄹ	r/l	라 ra	랴 rya	러 reo	려 ryeo	로 ro	료 ryo	루 ru	류 ryu	르 reu	리 ri
ㅁ	m	마 ma	먀 mya	머 meo	며 myeo	모 mo	묘 myo	무 mu	뮤 myu	므 meu	미 mi
ㅂ	b	바 ba	뱌 bya	버 beo	벼 byeo	보 bo	뵤 byo	부 bu	뷰 byu	브 beu	비 bi
ㅍ	p	파 pa	퍄 pya	퍼 peo	펴 pyeo	포 po	표 pyo	푸 pu	퓨 pyu	프 peu	피 pi
ㅅ	s	사 sa	샤 sya	서 seo	셔 syeo	소 so	쇼 syo	수 su	슈 syu	스 seu	시 si
ㅈ	j	자 ja	쟈 jya	저 jeo	져 jyeo	조 jo	죠 jyo	주 ju	쥬 jyu	즈 jeu	지 ji
ㅊ	ch	차 cha	챠 chya	처 cheo	쳐 chyeo	초 cho	쵸 chyo	추 chu	츄 chyu	츠 cheu	치 chi
ㅇ	ng	아 a	야 ya	어 eo	여 yeo	오 o	요 yo	우 u	유 yu	으 eu	이 i
ㅎ	h	하 ha	햐 hya	허 heo	혀 hyeo	호 ho	효 hyo	후 hu	휴 hyu	흐 heu	히 hi

		ㅐ ae	ㅒ yae	ㅔ e	ㅖ ye	ㅚ oe	ㅘ wa	ㅙ wae	ㅟ wi	ㅝ wo	ㅞ we	ㅢ ui
ㄱ	g	개 gae	걔 gyae	게 ge	계 gye	괴 goe	과 gwa	괘 gwae	귀 gwi	궈 gwo	궤 gwe	긔 gui
ㅋ	k	캐 kae	걔 kyae	케 ke	켸 kye	쾨 koe	콰 kaw	쾌 kwae	퀴 kwi	쿼 kwo	퀘 kwe	킈 kui
ㄴ	n	내 nae	내 nyae	네 ne	녜 nye	뇌 noe	놔 nwa	놰 nwae	뉘 nwi	눠 nwo	눼 nwe	늬 nui
ㄷ	d	대 dae	댸 dyae	데 de	뎨 dye	되 doe	돠 dwa	돼 dwae	뒤 dwi	둬 dwo	뒈 dwe	듸 dui
ㅌ	t	태 tae	턔 tyae	테 te	톄 tye	퇴 toe	톼 twa	퇘 twae	튀 twi	퉈 two	퉤 twe	틔 tui
ㄹ	r/l	래 rae	럐 ryae	레 re	례 rye	뢰 roe	롸 rwa	뢔 rwae	뤼 rwi	뤄 rwo	뤠 rwe	릐 rui
ㅁ	m	매 mae	먜 myae	메 me	몌 mye	뫼 moe	뫄 mwa	뫠 mwae	뮈 mwi	뭐 mwo	뭬 mwe	믜 mui
ㅂ	b	배 bae	뱨 byae	베 be	볘 bye	뵈 boe	봐 bwa	봬 bwae	뷔 bwi	붜 bwo	붸 bwe	븨 bui
ㅍ	p	패 pae	퍠 pyae	페 pe	폐 pye	푀 poe	퐈 pwa	퐤 pwae	퓌 pwi	풔 pwo	풰 pwe	픠 pui
ㅅ	s	새 sae	섀 syae	세 se	셰 sye	쇠 soe	솨 swa	쇄 swae	쉬 swi	숴 swo	쉐 swe	싀 sui
ㅈ	j	재 jae	쟤 jyae	제 je	졔 jye	죄 joe	좌 jwa	좨 jwae	쥐 jwi	줘 jwo	줴 jwe	즤 jui
ㅊ	ch	채 chae	챼 chyae	체 che	쳬 chye	최 choe	촤 chwa	쵀 chwae	취 chwi	춰 chwo	췌 chwe	츼 chui
ㅇ	ng	애 ae	얘 yae	에 eo	예 ye	외 oe	와 wa	왜 wae	위 wi	워 wo	웨 we	의 ui
ㅎ	h	해 hae	햬 hyae	헤 he	혜 hye	회 hoe	화 hwa	홰 hwae	휘 hwi	훠 hwo	훼 hwe	희 hui

	ㅐ ae	ㅒ yae	ㅔ e	ㅖ ye	ㅚ oe	ㅘ wa	ㅙ wae	ㅟ wi	ㅝ wo	ㅞ we	ㅢ ui
ㄲ gg	깨 ggae	꺠 ggyae	께 gge	꼐 ggye	꾀 ggoe	꽈 ggwa	꽤 ggwae	뀌 ggi	꿔 ggwo	꿰 ggwe	끠 ggui
ㄸ dd	때 ddae	떄 ddyae	떼 dde	뗴 ddye	뙤 ddoe	똬 ddaw	뙈 ddwae	뛰 ddi	뚸 ddwo	뛔 ddwe	띄 ddui
ㅃ bb	빼 bbae	뺴 bbyae	뻬 bbe	뼤 bbye	뾔 bboe	빠 bbwa	뽸 bbwae	쀠 bbi	뿨 bbwo	쀄 bbwe	쁴 bbui
ㅆ ss	쌔 ssae	썌 ssyae	쎄 sse	쎼 ssye	쐬 ssoe	쏴 sswa	쐐 sswae	쒸 ssi	쒀 sswo	쒜 sswe	씌 ssui
ㅉ jj	째 jjae	쨰 jjyae	쩨 jje	쪠 jjye	쬐 jjoe	쫘 jjwa	쫴 jjwae	쮜 jji	쭤 jjwo	쮀 jjwe	찍 jjui

Vi behöver inte memorera alla möjliga tecken - genom att helt enkelt lära oss de grundläggande Hangul-bokstäverna och hur de skrivs, kan du läsa och skriva alla möjliga kombinationer.

Observera: I teorin finns det hundratusentals möjliga stavelsekombinationer, men väldigt många av dem används sällan i vardaglig koreanska. Faktum är att det finns många som aldrig används alls!

	ㅏ a	ㅑ ya	ㅓ eo	ㅕ yeo	ㅗ o	ㅛ yo	ㅜ u	ㅠ yu	ㅡ eu	ㅣ i
ㄲ gg	까 gga	꺄 ggya	꺼 ggeo	껴 ggyeo	꼬 ggo	꾜 ggyo	꾸 ggu	뀨 ggyu	끄 ggeu	끼 ggi
ㄸ dd	따 dda	땨 ddya	떠 ddeo	뗘 ddyeo	또 ddo	뚀 ddyo	뚜 ddu	뜌 ddyu	뜨 ddeu	띠 ddi
ㅃ bb	빠 bba	뺘 bbya	뻐 bbeo	뼈 bbyeo	뽀 bbo	뾰 bbyo	뿌 bbu	쀼 bbyu	쁘 bbeu	삐 bbi
ㅆ ss	싸 ssa	쌰 ssya	써 sseo	쎠 ssyeo	쏘 sso	쑈 ssyo	쑤 ssu	쓔 ssyu	쓰 sseu	씨 ssi
ㅉ jj	짜 jja	쨔 jjya	쩌 jjeo	쪄 jjyeo	쪼 jjo	쬬 jjyo	쭈 jju	쮸 jjyu	쯔 jjeu	찌 jji

ㄱ	ㅏ	ㄳ	값	ㅍ	ㅑ	ㄺ	퍎	ㄱ	ㅖ	ㄺ	곔
ㅁ	ㅛ	ㄽ	묭	ㅂ	ㅐ	�	뱀	ㄲ	ㅘ	�	꽮
ㅂ	ㅜ	ㅎ	붛	ㄹ	ㅘ	ㄽ	뢊	ㅁ	ㅡ	ㄲ	믂
ㄲ	ㅣ	ㄹ	낊	ㅈ	ㅠ	ㄾ	쥲	ㅋ	ㅑ	ㄽ	컍
ㅍ	ㅐ	�	퍰	ㅃ	ㅑ	ㄿ	뺢	ㅈ	ㅐ	ㄾ	쟅
ㅅ	ㅔ	�	섎	ㄴ	ㅙ	ㄲ	놖	ㅃ	ㅛ	ㄿ	뾺
ㅈ	ㅑ	ㄽ	쟎	ㅎ	ㅗ	ㅀ	홓	ㅊ	ㅏ	ㅀ	챃
ㅃ	ㅓ	ㄾ	뻝	ㄴ	ㅣ	ㅄ	빲	ㅌ	ㅠ	ㄾ	튫
ㅊ	ㅠ	ㄿ	츂	ㅁ	ㅟ	ㄳ	뭓	ㅂ	ㅙ	ㅄ	뱂
ㅌ	ㅕ	ㅎ	텽	ㄸ	ㅏ	�	땱	ㅍ	ㅗ	ㄳ	퐂
ㄹ	ㅗ	ㅄ	뢊	ㅅ	ㅜ	ㄾ	숱	ㄹ	ㅢ	ㅎ	릏
ㄷ	ㅐ	ㄳ	댗	ㄴ	ㅝ	ㄳ	넞	ㄷ	ㅣ	ㄹ	닭
ㅋ	ㅡ	�	큲	ㅉ	ㅙ	ㅎ	쫳	ㅋ	ㅐ	ㄺ	캢
ㅆ	ㅜ	ㄾ	숱	ㄷ	ㅖ	ㄹ	뎈	ㅎ	ㅛ	ㄳ	흉

SVAR

DEL A
SIDA 48

1. **A**
'yu' i yum

6. **B** **4**

2. **B**
[표]

7. **C**
[ㅣ]

3. **D**
[ㅇ]

8. **A C F G**

4. **C**
[ㅈ]

9. **B**
[ㄷ]

5. **C** **3**

10. **D** et i tuggummi

DEL B
SIDA 78

1. **D**
Det "ja" i ja

6. **A** **6**

2. **B** **11**

7. **B**
[ㅒ]

3. **B** **G** **H**

8. **D**
[ㅃ]

4. **C** 키위

9. **C**
Dator

5. **A**
'Vec' i vecka

10. 한글

DEL C
SIDA 90

1. **B**
Som "k" i docka

6. **B**
Som "k" i docka

2. **C** **11**

7. **A** [말께]

3. **D**
[리]

8. **B**
[ᄀᄉ]

4. **B** **7**

9. **D** [갑슬]

5. **C**
Som "t" i skratte

10. **C**
Som "t" i skratte

DEL D
SIDA 122

1. 4 = 사
9 = 구
2 = 이
7 = 칠

2. 8 = 팔
3 = 삼
5 = 오
1 = 일

3. 23 = 이십삼
69 = 육십구
16 = 십육
38 = 삼십팔

4. **C** **2/3**

5. **D** 월요일

6. **A** 십일월

7. **A** blå

8. 416 = 사백십육
812 = 팔백십이
321 = 삼백이십일

9. 540 = 오백사십
199 = 백구십구
704 = 칠백사

Del 9

PRAKTISKA SIDOR
GRID PAPER FÖR
YTTERLIGARE ÖVNING

Del 10

FLASH-KORT
FOTOKOPIERING ELLER
SKÄR UT OCH BEVARA

ㄷ ㅂ ㅈ

ㄴ ㅁ ㅅ

ㅋ ㄹ ㅅ

ㄱ ㅌ ㅍ

DIGEUT

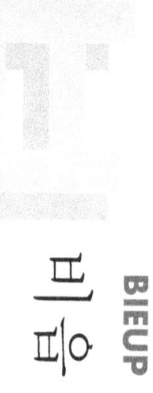

디귿

INLEDANDE **d som "d" i dörr**
SLUTLIG **t som "t" i punkt**

NIEUN

니은

INLEDANDE **n gillar "n" i nej**
SLUTLIG **n som "l" i kul**

KIEUK

키읔

INLEDANDE **k som "k" i Drake**
SLUTLIG **k som "k" i Drake**

GIYEOK

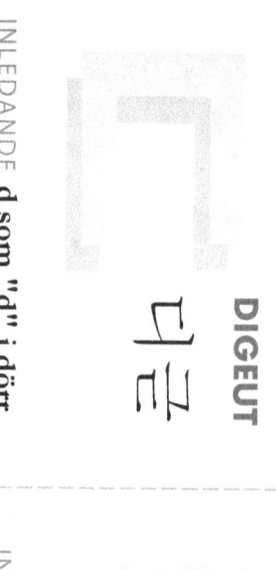

기역

INLEDANDE **g som "g" i gummi**
SLUTLIG **k som "k" i docka**

BIEUP

비읍

INLEDANDE **b som "b" i bebis**
SLUTLIG **p som "g" i slag**

MIEUM

미음

INLEDANDE **m som "m" i mob**
SLUTLIG **m som i "m" i hum**

RIEUL

리을

INLEDANDE **r som "r" i rulla**
SLUTLIG **l som "l" i rulle**

TIEUT

티읕

INLEDANDE **t som "t" i tenn**
SLUTLIG **t som "t" i inte**

CHIEUT

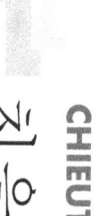

치읓

INLEDANDE **ch som "ch" i chatta**
SLUTLIG **t som "t" i cat**

JIEUT

지읒

INLEDANDE **j like the 'j' in juice**
SLUTLIG **ch like the 't' in katt**

SIOT

시옷

INLEDANDE **som "s" i snö**
SLUTLIG **som "t" i matta**

PIEUP

피읖

INLEDANDE **p som "p" i pizza**
SLUTLIG **p som "p" i tupplur**

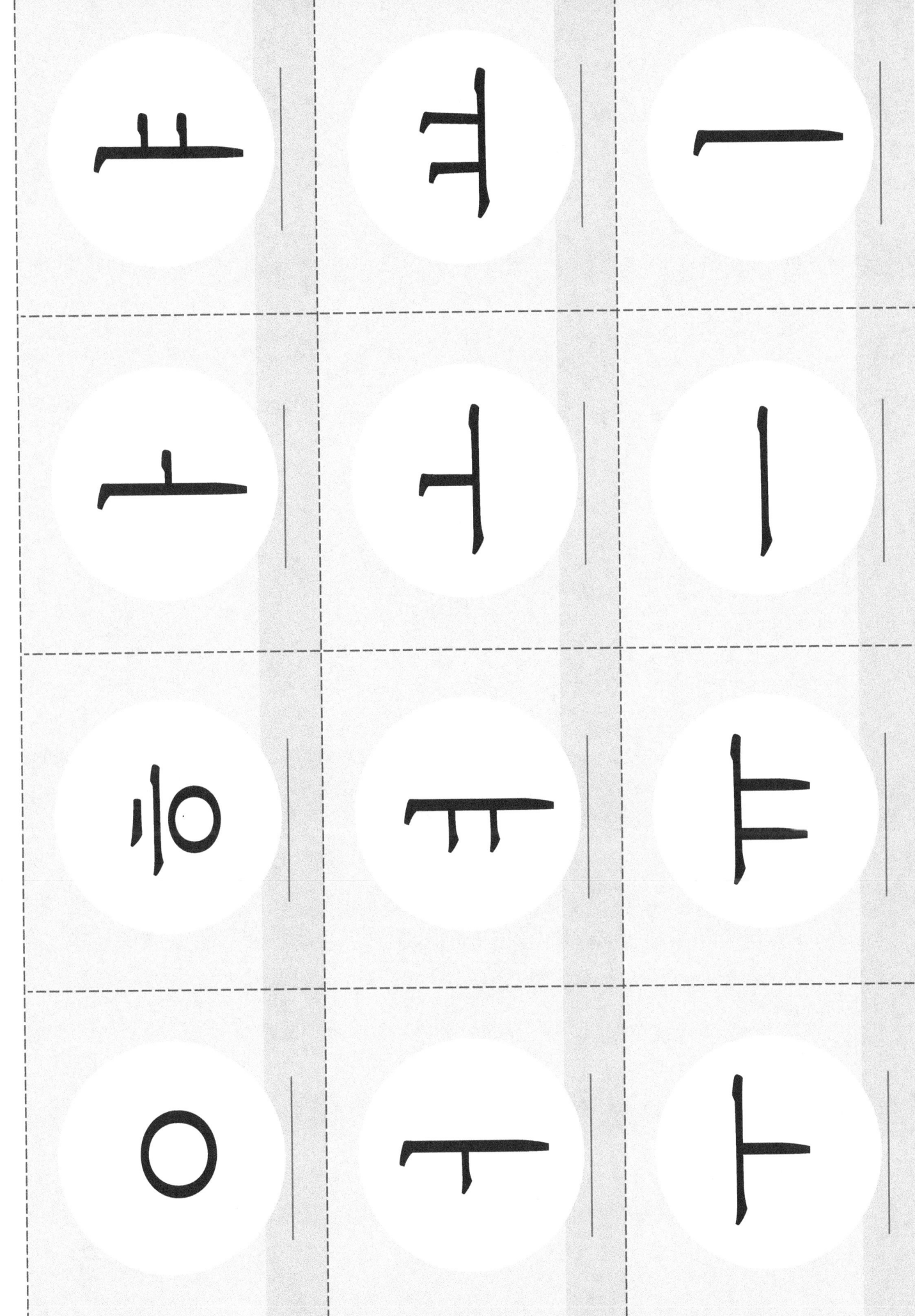

'YA'

Uttalas som **"ya"** i yard
Precis som med "a" men med ett mjukt "y"-ljud längst fram.

'A'

Uttalas som the **"a"-ljudet i far**

HIEUT

INLEDANDE **h** som **"h"** i het
SLUTLIG **t** som **"t"** i het

IEUNG

INLEDANDE **tyst platshållare**
SLUTLIG **ng** som **"ng"** i Sisang

'YO'

Uttalas som **"yo"** - liknar yoga
Precis som bokstaven "o" men med ett mjukt "y"-ljud längst fram.

'O'

Uttalas som **"a"** i apelsin
Öppna munnen i O-form och håll läpparna stilla.

'YEO'

Uttalas som **"yu"** i yum
Precis som med "eo" men med ett mjukt "y"-ljud längst fram.

'EO'

Uttalas som **"u"** i buss
Öppna munnen i en lång, hög form och håll läpparna stilla.

'I'

Uttalas som **"ee"** i sömn eller fötter
Bred mun, tänderna närmare varandra (inte stängda)

'EU'

Uttalas som ordet **"du**
Precis som med "u" men med ett mjukt "d"-ljud längst fram.

'YU'

Uttalas som **"oo"** i pool
Rundad läppform, öppen mun med underkäken framåt

'U'

Uttalas som **"ja"** i ja
Precis som ㅔ med ett "j"-ljud längst fram

ऊ	अ	न
ऊ	ळ	ण
म	ळ	ऍ
म	ळ	अ

'YE'
som "ja" i ja
Precis som 예 med ett "j"-jud längst fram

'WI'
"ve" i vecka (mjukt "v")
"oo-ee" men i ett enda, jämnt ljud

SSANG GIYEOK
쌍기역
"suh", liknar "s" i Stor
Liknar ㄱ men mer forcerat och spänt

'E'
"ä" i fä eller fälla
Svårt att skilja från ㅐ

'WAE'
'yeh' som "vä" i väst
I huvudsak "oh-ae" uttalat som ett enda ljud

'UI'
"u-ee", eller "u-wee" (mjukt "w")
Som "eu-ee" men med ett enda kort ljud

'YAE'
"yeh" som ordet "yeah"
Precis som ㅔ med ett "y"-jud längst fram

'WA'
"wa" i Taiwan (mjukt "w")
Som "oh-ab", uttalas som ett enda ljud

'WE'
"va" i väst eller våt (mjukt "w")
Som "o-eb" (svårt att skilja från 외)

'AE'
"eh" nästan som "e" i ägg
Svårt att skilja från ㅔ

'OE'
"va" som "vi" i vät
Sa "oh-eh" som ett jämnt ljud

'WO'
"wo" i wok (mjukt "w")
Som "uh-or" sagt på ett kort, smidigt sätt

짜

음악 / ㅁ

잔뜩

ㅆ

ㄹ

ㅇ / ㅁ

ㅃ

겹받침

이 / ㅎ

ㄸ

받침

ㅎ

쌍 지읓

"j" i jobb, med kraft att börja
Låter som ㅈ (jieut), men med spänning

OMSTAVNING

Slutlig konsonant följt av en initial vokal, överför ljudet.

ㅁ | ㅇ | ㅏ   ㅇ | ㅏ | ㅁ
ㅇ | ㅏ   ㅇ | 악

Slutlig ㅇ inte överförd, och
Slutlig ㅎ inte hörd/svag

INTENSIFIERING

ㄱㄷㅂㅅㅈ efter 받침
fördubblas till ㄲㄸㅃㅆㅉ

Note: ㄱ+ㄹ > ㅇ=ㄴ

När förenklade 받침 -ljud möter
nasalljud

ㄱ+ㅁ	>	ㄱ=ㅇ
ㅂ+ㅁ	>	ㅂ=ㅁ
ㄷ+ㅁ	>	ㄷ=ㄴ

Slutlig ㅎ förstärker endast en
inledande ㅅ, vilket gör
den till en ㅆ

ㅈ | ㅊ   ㅂ | ㅆ   ㅈ | ㅊ

쌍 시읏

ett "s"-ljud som görs med kraft
Låter som ㅅ (siot), men med spänning

Skapar ett dubbelt 'L'-ljud

ㄴ+ㄹ > ㄹ+ㄴ
ㄹ+ㄴ > ㄹ+ㄹ

Men annars...
Skapar ett enkelt "L"-ljud

ㄹ+ㄹ > ㄹ

Följt av en konsonant:

ㄳ ㄺ ㄼ	>	UTTALA FIRST
ㄵ ㄶ		
ㄽ ㅀ		
ㄻ ㄿ	>	UTTALA ANDRA

Följt av en vokal:

DELA - BÄR 2:A - SÄG BÅDA

Undantag gäller

PALATALISERING

ㄷ + 이	>	지
ㅌ + 이	>	치
ㄷ + 히	>	치

Nya ljud som skapas med vissa
bokstavskombinationer vid hastighet.

쌍 비읍

B:et i pojke eller banan.
Låter som ㅂ (bieup) men med spänning

Ändra uttalet för
slutkonsonanter

쌍 디귿

Ljudet "d" i avdelning
Låter som ㄷ (digeut) men med spänning.

ㄲ ㅋ	>	ㄱ
ㅌ ㅎ ㅅ	>	ㄷ
ㅈ ㅊ ㅆ		
ㅍ	>	ㅂ

ㄱ+ㅎ	>	ㅋ
ㄷ+ㅎ	OR	ㅌ
ㅂ+ㅎ		ㅍ
ㅈ+ㅎ	ㅎ+	ㅊ

Konsonantljud förstärks av ㅎ

감사합니다

(gam-sa-ham-ni-da)

Tack

Tack för att du valde vår bok!

Du är nu på god väg att lära dig läsa, skriva och tala koreanska, och vi hoppas att du gillade vår Hangul-arbetsbok för nybörjare.

Om du tyckte om att lära dig koreanska med oss skulle vi gärna vilja höra om dina framsteg i en recension.

Vi är alltid angelägna om att lära oss om det finns något vi kan göra för att göra våra böcker bättre för framtida

hello@polyscholar.com

Vill du ha mer koreansk grammatik och fraser? Köp Jennies Vocab-bok på Amazon.se eller var du än köper böcker.

https://www.ama-zon.se/dp/1957884630

Vill du ha mer koreansk grammatik och fraser? Köp Jennies Vocab-bok på Amazon.co.uk eller var du än köper böcker.

https://www.amazon.-co.uk/dp/1957884630

Vill du ha mer koreansk grammatik och fraser? Skaffa Jennie's Vocab på valfri Amazon-sajt eller var du än köper böcker.

POLYSCHOLAR

www.polyscholar.com